Helmut Fuchs / Andreas Huber
Metaphoring

Helmut Fuchs / Andreas Huber

Metaphoring

Komplexität erfolgreich managen

GABAL
management

Die Deutsche Bibliothek - CIP-Einheitsaufnahme

Ein Titelsatz für diese Publikation ist bei der
Deutschen Bibliothek erhältlich.

ISBN 3-89749-232-6

Lektorat: Dr. Sonja Klug, Bad Honnef
Umschlaggestaltung: +Malsy Kommunikation und Gestaltung, Bremen
Umschlagmotiv: Getty Images, München
Satz und Layout: Das Herstellungsbüro, Hamburg
Druck und Bindung: GGP Media, Pössneck

Verlagsinformationen:
www.gabal-verlag.de
More success for you!

Inhalt

Das bei weitem Größte ist es,
ein Meister der Metapher zu sein.
Aristoteles

Einführung
Metaphoring: neue Begeisterung im Business

Steigende Komplexität im Management

»Ich ersticke hier in Komplexität!«, klagte Hilmar Kopper über seinen Alltag als Aufsichtsratsvorsitzender der Deutschen Bank. Wie auch immer man Management und Business am Anfang des neuen Jahrhunderts begreift: Wir werden angesichts des rasanten Strukturwandels auf unsicherem und unübersichtlich komplexem Terrain agieren. Kultur- und Kommunikationsforscher Norbert Bolz spricht gar von der »Hyperkomplexität« der Weltgesellschaft und ihrer globalisierten Märkte.

Für Chris Argyris besteht die große Kunst postmodernen Managements in komplexen Zeiten darin, Wissen zu managen. Experten in Organisationsforschung und Consulting – ob Chris Argyris, Peter Drucker, Rosabeth Kanter, Fredmund Malik, Peter Senge, Ralph Stacey oder viele andere – sind sich einig:

> **Wissen kann heute nicht mehr als lineare Anhäufung isolierter Fakten begriffen werden. Auch in der Wirtschaft ist das große Ganze mehr als die Summe seiner Teile.**

Lineares Denken greift nicht mehr

Um sich in der neuen Welt der Informations- und Wissensgesellschaft zurechtzufinden, ist die Denkungsart alten Stils jedenfalls ungenügend: Komplexe Entwicklungen lassen sich nicht eindimensional, kausal oder mechanisch-rational bewältigen. Fast schon selbstverständlich werden in Wirtschaft, Wissenschaft oder Politik daher »multifaktorielle« oder »multidimensionale Zusammenhänge« beschworen. Das klingt meist klug, was die einzelnen Akteure jedoch damit meinen, bleibt häufig offen und unreflektiert.

Im Folgenden wollen wir Sie mit einer Dimension vertraut machen, die in vielen Business- und Managementkonzepten zwar eine wichtige Rolle zu spielen scheint, dennoch merkwürdig dunkel bleibt: das *metaphorische Denken.*

Ohne die richtige Metapher blind

»Mentale Modelle prägen die Art und Weise, wie wir unsere Organisationen, Unternehmen und Institutionen gestalten«, schreibt zum Beispiel Reinhard Sprenger, und der Philosoph Thomas Kuhn ist der Auffassung: »Wir sehen nichts, bis wir die richtige Metapher für etwas haben.«

Obwohl Sprenger die kuhnsche Erkenntnis in einem eigenen Kasten massiv hervorhebt, wird von ihm nicht erklärt, warum die »richtige Metapher« für den großen Durchblick im Business so wichtig ist. Da dies in vielen anderen Beiträgen ähnlich ist – etwa in *Senges Fünfter Disziplin* –, werden wir uns mit der bisher nur ansatzweise in den Blick kommenden Bedeutung metaphorischen Denkens als Grundlage aller »mentalen Modelle« eingehender beschäftigen. Bei dieser Erkundung kontinentalen Neulandes wird sich zeigen:

> **Das Denken in Metaphern ist einer der wichtigsten Zukunftsnavigatoren: Da es bildhaft-symbolische mit kognitiv-sprachlichen Prozessen verbindet und sie unseren Gefühlen öffnet, macht es das Komplexe »übersichtlich«.**

Metaphern = Chiffren der Komplexität

Da der »Geist« aller komplexen Systeme und Phänomene metaphorisch ist – im Business und der Wirtschaft genauso wie in Wissenschaft, Politik und Alltagsleben –, sind Metaphern so etwas wie »Weltchiffren der Komplexität«. Sie spielen unreflektiert heute schon die wohl wichtigste Rolle bei der Komplexitätsbewältigung.

Das metaphorische Denken ist für unsere alltägliche (Welt-)Orientierung im Privaten ebenso grundlegend wie für die immer metaphorisch formulierten Paradigmen oder Weltbilder in Wirtschaft und Wissenschaft. »Metaphern geben einer Welt Struktur«, erkannte Hans Blumenberg, »indem sie das nie erfahrbare, nie übersehbare Ganze der Realität repräsentieren.« Die Metapher übernimmt dort Funktionen der Weltorientierung, wo der Begriff oder das logische Denken nicht hinreicht; vor allem in undurchschaubaren komplexen Welten ist dies in aller Regel der Normalfall.

Metaphorisches Denken eröffnet Horizonte

Komplexitätsfähig kann nur sein, wer metaphorisches Denken mit all seinen kognitiven, emotionalen und bildhaft-symbolischen Dimensionen entfaltet und kultiviert. Wer im Wirtschaftsalltag Komplexität managen, komplexe Zusammenhänge verstehen und in komplexen, »unüberschaubaren« Kontexten handeln möchte, muss metaphorisch denken. Denn erst metaphorisch geschaffene Bedeutungsfelder eröffnen umfassende Einsichten und neue Horizonte.

Dies gilt für alle Beteiligten: ob Manager oder Wirtschaftswissenschaftler, ob Wissensarbeiter, Selbstständige oder Dienstleister, Unternehmensberater, Personalentwickler oder Trainer und alle anderen Akteure, die an neuen Entwicklungen in Management, Business, Weiterbildung und an lebenslangem Lernen interessiert sind.

Zentrale Fragen

Im Kern geht es beim komplexitätsfähigen Neuen Denken um folgende Fragen: Welche Metaphern sind für die Unternehmenskultur oder den individuellen Businessalltag gültig? Was erhellen diese metaphorischen Denk- und Sprachbilder? Welche Denkperspektiven und welche »Handlungsanleitung« liefern sie? Welche Grenzen haben sie – und was wird verdunkelt? Wie weit befruchten sie das Denken und Handeln? Mit welchen anderen metaphorischen Denk- und Sprachbildern könnte man den komplexen Herausforderungen und Problemen besser gerecht werden?

Der Weg zu einer Metaphernkultur

Da es Metaphernschulungen oder eine »Metaphernkultur« im deutschsprachigen Business praktisch nicht gibt, soll dieses Buch und das von uns entwickelte Seminar *Metaphoring* dazu beitragen, einen neuen Erfolgsweg zu weisen. Wir möchten Sie inspirieren, das, was Sie ohnehin schon tun und tun müssen – nämlich metaphorisch zu denken und in metaphorischen Bedeutungsfeldern zu handeln –, in Zukunft sehr viel bewusster und erfolgreicher umzusetzen.

Wenn man die eigene Intelligenz in einer komplexer und unübersichtlicher gewordenen Welt der Wirtschaft besser nutzen und entwickeln möchte, geht es gerade beim komplexitätsfähigen metaphorischen Denken ums Ganze: um Geist, Kopf, Herz und Bauch.

Nur im metaphorischen Bedeutungsfeld steht der Geist gleichsam so unter Strom, dass er die vielfältigen kognitiven, bildlichen und emotionalen Dimensionen integrieren kann, ohne die komplexe Phänomene oder »Systeme« unverständlich bleiben müssen.

Metaphoring bewirkt Begeisterung

Da wir nur in einem bewusst entwickelten metaphorischen Denken unsere kognitiven, »bildhaft«-symbolischen und emotional-motivationalen Potenziale kreativ entfalten und integrieren können, möchten wir mit *Metaphoring* letztlich die ganze Macht des Geistes nutzen, um zu einer erfolgversprechenden neuen »Begeisterung« im Business zu kommen (Heureka!) – eine Begeisterung, die viele Seminarteilnehmer ähnlich erleben wie Denker, Literaten oder Wissenschaftler, sobald ihnen die Macht der Metapher bewusst wurde.

Ortega y Gasset beispielsweise drückte es so aus: »Die Metapher ist eine der fruchtbarsten Fähigkeiten des Menschen: Ihre Macht grenzt an Magie und es scheint das kreative Mittel zu sein, das Gott selbst in seinen Kreaturen vergessen hat, als er sie schuf.«

Und Hugo von Hofmannsthal beschrieb es als den »seltsam vibrierenden Zustand, in welchem die Metapher zu uns kommt, über uns kommt in Schauer, Blitz und Sturm: dieser plötzlichen, blitzartigen Erleuchtung, in der wir den großen Weltenzusammenhang ahnen.«

Die Welt können und wollen wir Ihnen natürlich nicht erklären. Wir versprechen Ihnen aber, Sie mit einem wichtigen Businesstool der Zukunft vertraut zu machen: dem metaphorischen Denken als Grundlage jeder Komplexitätskompetenz.

Im Weltgarten der Metaphern können wir uns jedenfalls mit der geistigen Nahrung und Orientierung für die kommenden Abenteuer in unsicheren, komplexen Zeiten versorgen – wenn wir ihn hegen. So antwortete der Medienphilosoph und Kunstmanager Peter Weibel, Direktor des Karlsruher Zentrums für Moderne Kunst und Medientechnologie, auf die Frage, wie er bei seinem rasanten Leben auf der globalen Überholspur den Überblick behalten könne: »Aus wenigen Informationen ein gültiges Modell machen.«

Sinnvolle Metaphern und das metaphorische Denken schmieden geradezu die Schlüssel für die allzu oft verschlossenen Türen der Wissensgesellschaft: Sie öffnen Managern, Wissenschaftlern oder Politikern ebenso Zugänge zu komplexen Wirklichkeiten wie dem Individuum im Alltag.

Alltagstaugliche Theorie

Obwohl wir den Ball bewusst flach gehalten haben, sind einige eher theoretische Darstellungen und Vertiefungen zu Metaphorik und metaphorischem Denken unvermeidbar: »Jede Theorie muss einfach sein«, forderte schon Einstein, »aber nicht einfacher.« Es gibt eben nichts Praktischeres als eine gute Theorie. Dabei haben wir auf Alltagstauglichkeit geachtet: In vielen einfachen Übungen können und sollen Sie das Wunderwerk der Metapher genauer kennen lernen – ganz im Sinne der Weisheit Erich Kästners, wonach es »nichts Gutes gibt, außer man tut es«.

Tun Sie sich also etwas Gutes: Nutzen Sie *Metaphoring* als Arbeitsbuch – und fördern Sie Ihre Metaphernkompetenz als grundlegende Metaqualifikation für dieses Jahrhundert der Komplexität.

Im Bild aufgehen?

Eine alte chinesische Geschichte erzählt von einem Maler, der alt und einsam über der Arbeit an einem einzigen Bilde geworden war. Schließlich wurde es doch fertig. Er lud die verbliebenen Freunde ein. Sie umstanden das Bild: Ein Park war darauf zu sehen, ein schmaler Weg zwischen Wiesen führte zu einem Haus auf der Anhöhe. Als die Freunde, fertig mit ihrem Urteil, sich dem Maler zuwenden wollten, ist der nicht mehr da. Sie blicken ins Bild: Dort geht er auf dem Weg die sanfte Anhöhe hinauf, öffnet die Tür des Hauses, steht einen Augenblick still, dreht sich um, lächelt, winkt noch einmal und verschwindet, sorgfältig die gemalte Tür hinter sich verschließend.

(nach Rüdiger Safranski: *Wie viel Wahrheit braucht der Mensch?*)

1. Teil
Erfolgsfaktor Nr. 1: Komplexitätskompetenz

Das Business und die Welt der Wirtschaft sind in globalisierten Zeiten unübersichtlich und hoch komplex geworden. »Die Idee der Einfachheit fällt in Stücke: in welche Richtung Sie auch gehen, Sie werden auf Komplexität stoßen«, beschreibt Nobelpreisträger Ilya Prigogine die alle Lebensbereiche umfassende Entwicklung der letzten Jahre. Ob wirtschaftlich oder wissenschaftlich, gesellschaftlich oder ganz privat: Die tief greifenden Veränderungen einer chaotisch gewordenen Welt lassen sich nur noch in Dimensionen des Komplexen erfassen und verstehen.

Weltmodell Hyperkomplexität: die postmoderne Unübersichtlichkeit

Globalisierung – permanent chaotischer Wandel

Der fundamentale Strukturwandel in der Weltwirtschaft steht seit den 90er-Jahren unter dem Vorzeichen: Abschied vom linearen Taylorismus und »Ordo-Management« des 19. Jahrhunderts und Hinwendung zum nicht-linearen komplexen »Wandel in Permanenz« der globalisierten Informations- und Wissensgesellschaft des 21. Jahrhunderts.

Drei Dimensionen des »Chaos«

Für die neue Komplexität und das »Chaossystem (Welt-)Wirtschaft« fanden die Analytiker im Wesentlichen drei Dimensionen, die sich gegenseitig verstärken und die Welt der Arbeit so unübersichtlich machen:

Globalisierung: Zunehmende internationale Verflechtungen machen auch Binnenmärkte in praktisch allen Branchen von weltweiten Prozessen abhängig; die Unternehmen müssen sich auf eine verstärkte internationale Konkurrenz- wie Kundenorientierung einstellen.

Arbeitsabläufe: Die technologische Entwicklung hat alle Betriebs- und Geschäftsabläufe rasant beschleunigt. Die immer schnellere Produktinnovation, -konzeption und -entwicklung erfordert rasche und flexible innerbetriebliche Handlungsprozesse aller Beteiligten.

Wertewandel: Kunden und Mitarbeiter orientieren sich kaum noch an traditionellen Werten wie Ordnung, Disziplin, Selbstbeherrschung, Pflichterfüllung, Fleiß oder Gehorsam. Als erstrebenswert und sinnvoll gelten dagegen die »weichen« postmateriellen Werte wie Selbstverwirklichung, Spaß, Kreativität oder Emanzipation.

Einer Abnahme von einfacher Anpassung oder Unterordnung steht eine zunehmende Bedeutung von komplexen Größen wie Kommunikation, Selbstbestimmung und Lebensgenuss gegenüber.

Dieser Einstellungswandel führt zu einer stark individualisierten Nachfrage und entsprechendem Konsumentenverhalten, das die Märkte stark fluktuieren lässt.

Komplexes Denken und Komplexitätskompetenz im Umgang mit Ungewissheit, Mehrdeutigkeit und oft auch Angst ist für den Manager als *Global Player* ebenso wie für den traditionellen Angestellten oder modernen Wissensarbeiter, den Trainer oder Personalentwickler zu einer existenziellen Notwendigkeit geworden, um sich heute und vor allem in der Welt von morgen orientieren zu können.

Komplexe Systeme sind überall

Tatsächlich sind komplexe Systeme überall: Der menschliche Organismus ist ebenso komplex wie der Welt- oder regionale Getränkemarkt, das Weltklima genauso wie das Innenleben des benachbarten Hausgartens. Die eigene Persönlichkeit oder ein Fußballspiel, die Börse oder die Firma – alles fluktuiert, »schwingt« und wandelt sich rasch, vielfältig und unvorhersehbar.

Im Gegensatz zu früheren Binnenperspektiven scheint nun alles irgendwie mit allem vernetzt, jedes mit vielem zu tun zu haben: So müsste eine wirklich komplexitätsfähige Wirtschaftspolitik gleichzeitig Bildungs-, Gesundheits- und Umweltpolitik sein, wie es Arthur Schmidt fordert.

Ist Komplexität reine Ansichtssache?

Komplexität – ein vieldeutiger Begriff

Auch wenn viel von Komplexität gesprochen wird, mag es überraschen, dass der Begriff selbst in der wissenschaftlichen Forschung nicht eindeutig definiert ist. Mittlerweile unterscheidet man je nach Verständnis, Forscher oder Disziplin fast 40 wissenschaftliche Definitionen, Konzepte oder Modelle von Komplexität: algorithmische Komplexität, komplexe adaptive Systeme, hierarchische Komplexität, effektive oder ideale Komplexität, stochastische Komplexität, Lempel-Ziv-Komplexität, fraktale Dimensionalität, homogene Komplexität, thermodynamische Tiefe, grammatische Komplexität, informationsgestützte Zeit- und Raumkomplexität, Chernoff-Komplexität – und so weiter.

Angesichts der verwirrenden Verhältnisse kommt die Arbeitsgruppe *Nonlineare Dynamik* der Universität Mainz zum Schluss, dass es keine einheitliche Definition dessen gibt, was man unter Komplexität versteht. Komplexitätsforscher vom Santa Fé-Institut, dem wohl weltweit renommiertesten Wissenschaftsinstitut für Komplexität, denken mittlerweile darüber nach, ob Komplexität ein nützlicher Begriff ist – oder aber so vage definiert, dass er als völlig inhaltsleer aufgegeben werden sollte. So betont Institutsgründer und Nobelpreisträger Murray Gell-Mann, dass ein einziger Komplexitätsbegriff nicht ausreiche, um die Bedeutung von Komplexität angemessen wiederzugeben: »Vielleicht müssen wir sogar mehrere verschiedene Arten von Komplexität definieren, von denen wir uns einige noch nicht einmal vorstellen können.«

Komplexität als subjektive Größe

Auch Psychologieprofessor Dietrich Dörner meint als einer der renommiertesten deutschen Komplexitätsforscher, dass eine zufrieden stellende Messung von Komplexität schwierig sei und man ohnehin nicht von *einer* Komplexität eines Systems ausgehen könne: »Komplexität ist keine objektive Größe, sondern eine *subjektive.*« Ähnlich bilanziert Komplexitätsexperte Franz Reither nach 15 Jahren einschlägiger Forschung, dass Komplexität meist Ansichtssache sei.

Als kleinster gemeinsamer Nenner aller Komplexitätsdefinitionen ergibt sich: Systeme oder Phänomene werden als komplex bezeichnet, wenn sich ihre jeweili-

gen Elemente wechselseitig aufeinander beziehen und sich das System in diesem Prozess verändert. Komplexität wird dabei als *qualitatives* Konzept verstanden und von Kompliziertheit als *quantitativem* Begriff abgegrenzt. Komplex sind immer die zwischen den Elementen bestehenden *Beziehungsphänomene* eines Systems; kompliziert ist dagegen die reine Zahl der Systemteile.

Komplexitätsforschung ist im Grunde metaphorisch

Keine mechanische Kausalität

Komplexe Phänomene sind zeitlich und verändern wie ein Ökosystem oder eine zwischenmenschliche Beziehung ihre »Gestalten«. Die Interaktionen eines Paares ebenso wie die Hasenpopulation im Stadtwald, das Innenleben einer Firma oder Marktentwicklungen entstehen aus der Eigendynamik rückgekoppelter, wechselseitig aufeinander bezogener Systemteile. In komplexen Systemen gibt es daher keine mechanische Kausalität einfacher Ursachen und Wirkungen oder Wenn-Dann-Beziehungen mehr, sondern nur den auf vielfältigen Rückkopplungen beruhenden Wandel subtiler Wirkungsgefüge.

Ähnliche, aber nicht identische Muster

Da man Komplexität letztlich nur metaphorisch verstehen und bewältigen kann, spielen Metaphern in den Komplexitätswissenschaften eine fundamentale Rolle. So betont Ökonomieprofessor Brian Arthur von der Universität Stanford, dass es in der Komplexitätsforschung darum gehe, Muster und Metaphern zu finden: »Wir suchen Muster, die sich in wirklich komplexen Systemen nie genau wiederholen, aber ähneln. Dazu verwenden wir Metaphern.«

Glasperlenspiele

John Holland beispielsweise bezeichnet die metaphorischen Denkbilder seiner Forschungen als »Glasperlenspiele« – in Analogie zu der Hermann Hesses gleichnamigem Roman zugrunde liegenden musikalischen Spiel-Metapher. Für die wissenschaftliche Alltagsarbeit der Komplexitätsforschung sei die Metapher des Glasperlenspiels deswegen so großartig, erklärt Holland, weil man »jede thematische Kombination wählen kann, um sie dann wie ein musikalisches Thema zu behandeln.«

»Weltorgel Wirtschaft«

> Hesse hat im »*Glasperlenspiel*« die Metapher des Organs so formuliert:
>
> »Dieses ganze ungeheuere Material von geistigen Werten wird vom Glasperlenspieler so gespielt wie eine Orgel vom Organisten, und diese Orgel ist von einer kaum auszudenkenden Vollkommenheit: ihre Manuale und Pedale tasten den ganzen geistigen Kosmos ab, ihre Register sind beinahe unzählig.«

Das metaphorische Denken spielt in der Forschungspraxis meist eine Doppelrolle: Die Wissenschaftler – ob Ökonomen, Molekulargenetiker oder Psychologen – formulieren ihre mathematischen Simulationen auf der Grundlage metaphorischer Systemmodelle und (re)interpretieren die durch die mathematischen Simulationen gewonnenen Datenmodelle wiederum metaphorisch. »Mathematische Computermodelle haben auch metaphernbildende Funktion«, erklärt der Systemforscher Günter Schiepek, Wegbereiter einer neuen Generation von Chaos-Psychologen, die hochkomplexe Zusammenhänge menschlichen Verhaltens und Erlebens gezielt systemtheoretisch und nichtlinear erforschen.

An der Wirklichkeit orientiert?

Bei allen positiven Ansätzen in der Komplexitätsforschung ist, insgesamt betrachtet, dennoch unklar und unsicher, inwieweit die hochdifferenzierten mathematischen Modelle der Komplexitätsforschung als reformulierte oder interpretierte Metaphern den Zuständen wirklicher Systeme gerecht werden.

Der Soziobiologe Edward Wilson beispielsweise kritisiert, dass die Arbeiten der Komplexitätsforscher zwar interessant sein mögen, es den abstrakten Konzepten und Studien allerdings an empirischer Evidenz fehle: »Sie haben bis heute ihre Versprechen nicht eingelöst, das hochkomplexe Verhalten molekulargenetischer Prozesse, marktwirtschaftliche Entwicklungen, den Gang der Börse oder das Wachstum der Regenwälder vorauszusagen.« Man müsse bezweifeln, ob ein massiver Einsatz computergestützter Simulationen alle Methoden und Prinzipien enthüllen könne, um die Evolution beliebiger komplexer Systeme zu verstehen.

Praktische Anwendungen in der Zukunft

Wilson und andere Kritiker wie John Horgan – der ironisch von »Chaoplexität« spricht – haben nicht Unrecht: Die praktischen Anwendungen lägen noch in der Zukunft. Holland hofft allerdings weiterhin, eines Tages wirtschaftliche Komplexitätsmodelle anbieten zu können, mit denen Politiker wie Piloten mit Flugsimulatoren ökonomische Bruchlandungen üben könnten, ohne gleich die ganze Bevölkerung an Bord zu haben. Im traditionellen Verständnis haben die Komplexitätsforscher aber weltweit noch keine Durchbrüche feiern können, die etwa der Entdeckung der Bakterien in der Medizin oder der Gen-Revolution in der Biologie vergleichbar wären.

Komplexität mathematisch erfassbar?

Jüngst schockte der amerikanische Informatiker und Mathematiker Gregory Chaitin die Kollegen mit seiner Meinung, dass eine mathematische Theorie der Komplexität unmöglich sei. Ähnlich bilanziert der Wissenschaftsphilosoph Herbert Jaeger in einer profunden Analyse, dass systemtheoretische Beschreibungen des qualitativen Verhaltens empirischer Systeme an *Komplexitätsgrenzen* stoßen: Der Anspruch, komplexe Systeme als Ganze verständlich zu machen, könne für intelligente Systeme faktisch nicht eingelöst werden. Für Kognitionsforscher Thomas Metzinger steht mittlerweile ohnehin fest, dass alle lebensweltlichen Beschreibungssysteme diese Komplexität nur andeuten oder metaphorisch umschreiben können. So oder so:

> **In den Komplexitätswissenschaften scheint es ohne Metaphern nicht zu gehen. Allerdings weiß man bis heute weder genau, was Komplexität letztlich objektiv bedeutet, noch, wie sie exakt definiert werden könnte und welche Rolle das metaphorische Denken spielen sollte. Darauf verzichten kann man allerdings nicht.**

Simulationen komplexer Systeme

Gelten diese Probleme im Umgang mit Komplexität auch unter subjektiven Vorzeichen: Wie bewältigen Menschen im alltäglichen Handeln komplexe Phänomene und Probleme? Gilt für komplexe Systeme heute noch, dass sie »nicht voll zugänglich sind«, wie Goethe betonte?

Können Sie zum Beispiel ein System mit bis zu 2000 Variablen steuern, die unabhängig von dem, was Sie tun, selbst miteinander wechselwirken? Wenn nicht, dann sind Sie nicht komplexitätsfähig! Jedenfalls nicht ausreichend, um als Bürgermeister einer Kleinstadt namens Lohhausen vorstehen zu können.

Bürgermeister in Lohhausen

Das computersimulierte Kleinstadtszenario Lohhausen wurde in der Psychologie des *komplexen Problemlösens* berühmt. Die Frage, wie Menschen mit komplexen Systemen und Situationen umgehen, wurde und wird dabei mit computersimulierten Komplexitätsszenarien untersucht: Die Versuchspersonen müssen als »Staatschefs« lernen, wie man ein Entwicklungsland klug managt, als »Bürgermeister« ihre Gemeinde zum Blühen bringen oder als Manager ein Unternehmen auf dem Weltmarkt konkurrenzfähig erhalten.

Komplexität simulieren

Nach fast 20 Jahren Forschung weiß man, dass die Fehler im Umgang mit komplexen Situationen im Wesentlichen aus *psychischen,* emotionalen und motivationalen Faktoren resultieren: Ziele werden nicht konkretisiert, widersprüchliche Entwicklungen nicht als problematisch identifiziert, Neben- oder Spätfolgen nicht berücksichtigt; Fehler werden nicht korrigiert, Informationen werden nur einseitig oder unzulänglich gesammelt und die zeitliche Entwicklung nicht hinreichend beachtet.

Kritische Komplexität

Im individuellen Umgang mit komplexen Problemsituationen oder -systemen kennt man im Wesentlichen folgende kritische Merkmale, wie sie die Bamberger Forschergruppe um Dietrich Dörner beschreibt:

- *Intransparenz*: Elemente und ihre Beziehungen sind nicht direkt zu beobachten.
- *Irreversibilität:* Man kann begangene Fehler nicht mehr korrigieren.
- *Eigendynamik*: Die Weiterentwicklung läuft unabhängig davon, ob man eingreift oder nicht.
- *Vernetztheit:* Jeder Eingriff wirkt immer auch auf viele andere Systemteile, es kommt zu Neben- und Fernwirkungen.

Gehen wir von der empirischen Komplexitätsforschung in die Praxis. Wie sind dort die Verhältnisse? Schwierig, wie es aussieht: Die Globalisierung überfordert die meisten Menschen intellektuell. Diese Erkenntnis von Rolf Breuer, dem Chef der längst multikontinental agierenden Deutschen Bank, bezog sich offenkundig auch auf die Mitarbeiter des eigenen weltläufigen Unternehmens.

Sooft man dabei im Business und im Management Vielfalt beschwört, werden die jeweilige Komplexität der »Welten im Werden« selbst und ihre kreative Gestaltung nur selten wirklich: So gilt der überall beschworene Struktur- und Kulturwandel, das komplexe *Change und Merging Management* empirisch zu 50 bis 70 Prozent als gescheitert; Organisationsforscher Stefan Kühl spricht vom »Komplexitätsdilemma«.

Komplexitätskompetenz

Schaut man genauer hin, so ist die Situation deshalb so problematisch, weil ein eigentliches komplexitätsbewältigendes Denken nicht hinreichend entwickelt ist. So zielt das von der EU beschlossene Zukunftsprojekt »Lebenslanges Lernen für alle« ebenso wie die meisten (Manager)-Schulungen und Seminare unausgesprochen auf eine Fähigkeit, von der noch niemand weiß, wie sie wirklich aussieht: *Komplexitätskompetenz.*

Wo sind die hochkomplexen Alleskönner?

In der Wirtschaft und im Management wird gern nach dem schlüsselqualifizierten Generalisten gerufen, der als allseits entwickelte Persönlichkeit neben hohen fachlichen und methodischen Fähigkeiten sozialkompetent und teamfähig arbeitet, kommuniziert und führt, dabei ebenso analytisch wie ganzheitlich denkt und emotional intelligent auch die Feinheiten kulturellen und interkulturellen Managements beherrscht. Allerdings sind solche hochkomplexen Alleskönner noch schwer zu finden.

Dies liegt vor allem auch daran, weil alle Schlüsselqualifikationen, die wir angemessener als »Metaqualifikationen« bezeichnen, letztlich auf fundamentalen metaphorischen Qualitäten beruhen, *ohne* dass diese bewusst geschult oder entwickelt würden.

Um das vermeintlich Richtige komplexer, zeitlicher Prozesse und ihrer vielfältigen Neben- und Fernwirkungen geht es in der metaphorischen Erzählung eines alten Mannes namens Chunglang, dem »Meister Felsen«:

»Keiner weiß, was richtig und was falsch ist«

Chunglang besaß ein kleines Gut in einem kleinen Dorf. Hinter seinem kleinen, von Wind und Wetter gezeichneten Haus weidete sein ganzer Stolz: eine weiße Stute.

Die Nachbarn hätten es gerne gesehen, wenn der Alte endlich Haus und Hof in Ordnung gebracht hätte, wussten aber um seine Armut. Sie pflegten gelegentlich bei ihm hereinzuschauen, um ihn davon zu überzeugen, dass es richtig wäre und weitsichtiger, die Stute zu verkaufen und von dem Erlös endlich die klappernden Fensterläden und die zum Dorf gewandte Hofseite in Ordnung zu bringen. »Irgendwann«, sagten sie, »wird dir die Stute weglaufen oder gestohlen werden und dann bleibt dir nichts mehr.«

In solchen Fällen pflegte der alte Chunglang still in sich hineinzulächeln und zu sagen: »Ja, ja, aber keiner weiß, was falsch und was richtig ist.«

Eines Tages begab es sich nun, dass er morgens aus dem rückwärtigen Fenster schaute, sich zweifelnd die Augen rieb und feststellen musste, dass seine geliebte weiße Stute verschwunden war. Schon nach kurzer Zeit kamen die Nachbarn, bejammerten die Situation ob der dahingeschwundenen Chance, doch noch den Alten überreden und vor allem die klappernden Fensterläden endlich stilllegen zu können. »Siehst Du«, sagten sie, »wir haben dir doch gesagt, was richtig wäre, aber du wolltest ja nicht auf uns hören.«

Anstatt reumütig die lieben Nachbarn zu besänftigen, sagte der Alte nur: »Ja, ja, aber keiner weiß, was falsch und was richtig ist.«

Und siehe da, einige Wochen später – die Nachbarn wollten ihren Augen nicht trauen – erschien die weiße Stute des alten Chunglang wieder am Waldrand, hatte sechs schwarze Hengste mitgebracht und trabte mit ihnen locker durch das offen stehende Gatter auf die Weide hinter dem Haus. Wiederum erschienen die Nachbarn und wollten Chunglang zu diesem Glücksfall gratulieren. »Es war wohl doch richtig, die Stute zu behalten«, sagten sie, und

Chunglang lächelte wieder still in sich hinein und sagte: »Keiner weiß, was falsch und was richtig ist.«

Seit nun so viele Pferde zur Verfügung standen, begann der Sohn des Alten, eine Neigung zum Reiten zu entwickeln, und wollte alle wilden Hengste einreiten. »Das darfst du nicht zulassen«, riefen die Nachbarn, »das ist falsch, der Junge ist noch zu klein und kann sich ernsthaft verletzen.«

»Ja, ja«, sagte Chunglang wieder geduldig, »aber keiner weiß, was falsch und was richtig ist.«

Eines Tages fiel der Junge des alten Chunglang tatsächlich so unglücklich vom Pferd, dass er sich die Hüfte und den Oberschenkel brach und fortan einseitig gelähmt durch das Dorf humpelte. »Siehst du«, sagten die Nachbarn zu Chunglang, »es war falsch, den Jungen reiten zu lassen. Nun bist du schuld an seinem Schicksal.«

Aber auch jetzt, obwohl von Tragik gezeichnet, sagte der Alte nur: »Ja, ja, aber keiner weiß, was falsch und was richtig ist.«

Im Jahr darauf erschien die Kommission der »langen Kerle« in den Bergen, um alle kräftigen Männer für den Stiefeldienst des Kaisers und den wieder ausgebrochenen Krieg mit den »uneinsichtigen« Nachbarstaaten zu rekrutieren. Den Sohn des Alten, der noch immer durch das Dorf humpelte, verschonten sie als Einzigen. Chunglang musste lächeln, und in seinem gütigen Gesicht konnte man die Antwort auf die nicht gestellte Frage lesen: »Ja, ja ...«

Erfolgsintelligenz Metaqualifikationen: der Generalist als »Metaphernspezialist«

Neue Märkte erfordern Menschen mit neuen Intelligenzen

Wirtschaftswissenschaftler, Bildungspolitiker und Personalmanager sind sich seit Jahren einig: Die neuen Dienstleistungsmärkte der Informations- oder Wissensgesellschaft machen neue Manager und Mitarbeiter notwendig: den allseits schlüssel- oder metaqualifizierten Mitarbeiter. Ob als Manager oder Angestellter, Selbstständiger, traditioneller Beamter oder moderner Wissensarbeiter – alle brauchen neben der jahrzehntelang vorherrschenden Fach- und Methodenkompetenz nun auch die »neuen Intelligenzen« der Sozial- und Persönlichkeitskompetenz und des ganzheitlichen, systemischen Denkens in Zusammenhängen.

Erfolgsentscheidend sind die weichen Faktoren

So zeigte die sozial- und wirtschaftswissenschaftliche Forschung der letzten Jahre, dass (Lebens-)Erfolg nur zu etwa einem Fünftel von den traditionellen Faktoren der analytischen, rationalen Intelligenz oder einem hohen IQ abhängt. Der Rest beruht auf den jahrzehntelang belächelten »weichen«, meist sehr gefühlsbestimmten und intuitiven Faktoren: Welches Gespür haben Sie für andere? Wie gut können Sie kommunizieren? Haben Sie ein sinnvolles Stressmanagement entwickelt? Haben Sie sich im Griff? Wie gehen Sie mit Ihren Gefühlen um: mit Ärger, Zorn oder Niedergeschlagenheit genauso wie mit Freude? Können Sie sich motivieren, für etwas wirklich begeistern? Nutzen Sie Ihre intuitiven Fähigkeiten? Können Sie sich richtig entspannen? Sind Sie kreativ? Wie reagieren Sie auf neue, unklare Situationen? Sind Sie wirklich teamfähig?

Solche und ähnliche Fragen werden auch hierzulande ernst genommen, seit Ex-Kienbaum-Consult Rolf Berth in einer bahnbrechenden Untersuchung Mitte der 90er-Jahre nachwies, dass der übergeordnete Erfolgsfaktor deutscher Unternehmen das ausdrücklich »weiche«, so genannte »synergetische Aufeinanderzugehen« darstellt.

Die alleinige Fachkompetenz des ehemals so hoch geschätzten Spezialisten genügt jedenfalls nicht mehr, den permanenten Wandel zu managen und gestalten – wie die folgende Geschichte eines Gespräches eines europäischen Arztes mit einem indischen Kollegen ganz metaphorisch verdeutlicht:

(Un-)Begrenztes Fachwissen?

»Eines Abends äußerte ich meine Bewunderung für seine enormen Kenntnisse. Daraufhin antwortete er mir, dass ihm, je länger er lebe, desto deutlicher werde, dass er im Grunde nichts wisse. Ich bat ihn, mir das genauer zu erklären. Er nahm einen Kugelschreiber aus seinem Sakko und malte mitten auf die weiße Tischdecke einen kleinen blauen Punkt. ›Stell dir vor‹, sagte er, indem er seine Hände über dem Tischtuch ausbreitete, ›dieses Tischtuch repräsentiere die Welt, in der wir leben. Diese Welt ist unbegrenzt und unendlich und deshalb ist auch die Zahl der Dinge, die gewusst werden können, unendlich. Der kleine blaue Punkt ist sozusagen die Kenntnis eines Menschen von dieser Welt. Die Grenzlinie um den Punkt – der winzige Kreis, den man um die Außenseite des Punktes ziehen kann – ist der Ort, an dem diese Kenntnis und die unendliche Welt einander berühren. Du siehst, dass die Berührungsfläche zwischen der Kenntnis der Person und der Welt nur sehr klein ist. Er weiß praktisch nichts. Aber weil er nur so wenig mit dem in Berührung kommt, so wenig von dem sieht, was er nicht weiß, kann er sich einbilden, dass er sehr viel weiß.

Stell dir nun jemanden vor, der jahrzehntelang Kenntnisse über alle möglichen Themen erworben hat.‹ Neki zeichnete jetzt einen großen Kreis von der Größe eines Groschens auf die Tischdecke. ›Jetzt siehst du, dass es sehr viel mehr Kontakt, eine viel größere Berührungsfläche gibt zwischen demjenigen, der weiß, und allem, was es in dieser unendlichen Welt (er zeigte wieder auf die weiße Tischdecke) zu wissen gibt. Er kommt einfach mit viel mehr in Berührung und hat viel mehr Sicht auf das, was er nicht weiß. Für ihn ist es darum viel weniger einfach, mit der Illusion zu leben, er wisse viel von der Welt draußen, von der Welt auf dem schweigenden Niveau.‹«

(nach René Diekstra)

Wissen veraltet immer schneller

Fachwissen veraltet heute sehr schnell: So liegen bekanntlich die Halbwertzeiten des Wissens heute branchen- und jobspezifisch zwischen sechs und zwei Jahren – Tendenz: fallend. Wie absurd die komplexe Entwicklung verläuft, wird etwa in der Medizin deutlich, wo praktische Ärzte faktisch auf der Basis von Kunstfehlern agieren: Kein Hausarzt kann seine Patienten auf der Höhe des wissenschaftlich jeweils neuesten, besten Wissens behandeln, wie es die junge Disziplin der Evidenzbasierten Medizin vorgibt und das Berufsideal schon immer vorschreibt.

Der Anpassungsdruck und die Flexibilisierung steigt für das Management wie für die meisten Berufe, so dass die Inhalte und der Text jeweiliger Berufsrollen gleichsam ständig neu gelernt und erneuert werden müssen. Das jahrzehntelang die Arbeitswelt und das Management bestimmende Berufsbild des nur fachkompetenten Büro- oder Technokraten wird ebenso sehr zum Auslaufmodell wie das auf strenger Hierarchie und mechanisch rigider Arbeitsteilung beruhende »Kasernen-Management« des 19. Jahrhunderts.

Erfolgsintelligenz = »IQ + EQ«: Auf diese Formel bringt der amerikanische Intelligenzforscher Robert Sternberg den neuen Stand des Erfolgswissens.

Dies ist aber nicht die ganze Wahrheit: Bei jeder Schlüssel- oder Metaqualifikation geht es neben der »analytischen Pflicht« nämlich immer um die metaphernfundierte »Kunst des Ganzen«. Alles schlüssel- oder metaqualifizierte Denken und Handeln im Business beruht unausgesprochen und unreflektiert auf metaphorischen Grundlagen. Dies gilt für:

- die emotionale Kompetenz
- die soziale und kommunikative Kompetenz
- die Persönlichkeitskompetenz
- Zeitmanagement
- systemisches oder vernetztes Denken

Emotionale Kompetenz: Gefühle in Metaphern ausdrücken

Nur wenige Begriffe für Gefühle

Die Emotionsforschung dokumentiert, dass unsere Sprache nur über wenige Begriffe für die komplexe Vielfalt emotionaler Zustände und Stimmungen verfügt und wir sie daher nur mit Analogien und Metaphern ausdrücken und kommunizieren können. Ob wir Sinnesempfindungen bei Farben etwa als ein »klebriges Rosa« oder »dumpfes Braun« metaphorisieren, Schmerzen als brennend, stechend, reißend oder klopfend verstehen oder unsere Liebe als hohe Zeit der Rosen und des Weines, »ein Bad in Honig« oder »Schlachtfeld« (Woody Allen) bezeichnen – ohne Metaphern und ohne metaphorisches Denken und Sprechen verstehen wir unsere Gefühle nicht und können sie nicht mitteilen.

Dabei merken wir bei den meisten traditionellen Gefühlsbegriffen, dass sie selbst überwiegend metaphorischen Ursprungs sind, gleich ob »Betrübnis«, »Niedergeschlagenheit«, »Empörung« oder »Hingabe«. Umgekehrt sind viele wissenschaftliche Emotionskonzepte selbst metaphorisch: *Flow* zum Beispiel oder *Burnout.*

Die Metapher ist von zentraler Bedeutung, wenn wir unsere Gefühle beschreiben und verstehen wollen – ob in Alltagssprache oder Dichtung.

Vielschichtige Metaphern für höhere Emotionen

»Je höher wir uns auf der Skala der menschlichen Emotionen bewegen«, so Emotionsforscherin Carola Maier-Seethaler, »desto vielschichtiger werden die Metaphern.« Die Psychologin bezieht sich dabei auf eine wichtige Differenzierung unserer Emotionalität, die von einfachen situativen Affekten bis zu längerfristigen Hintergrundstimmungen oder Lebensgefühlen reicht – eine Unterscheidung, die im etwas überschätzten Bestseller *Emotionale Intelligenz* von Daniel Goleman beispielsweise keine Rolle spielt. Da diese höherdimensionalen Lebensgefühle aber elementar von den existenziellen metaphorischen »Weltbildern« abhängen – ob man das *Leben als Kampf* versteht oder sich selbst als *Versager, Held, Löwe* oder *Schlange* –, können sie auch nur in metaphorischer Weise formuliert werden.

Wie sehr wir in der komplexen Welt aller kleinen und großen Gefühle auf Metaphern angewiesen sind, wird vor allem in Psychologie und Psychotherapie deutlich. So zeigen Beispiele des amerikanischen Psychologen Daniel Meichenbaum, dass traumatisierte Klienten ihre oft diffusen, aber immer komplexen psychologischen Zustände, Befindlichkeiten oder Stimmungen nur metaphorisch ausdrücken können – ob sie sich als »tickende Zeitbombe kurz vor der Explosion« empfinden, ihr Dasein als »Wiederholung eines Horrorfilms, der nie aufhört«, erleben, sich als »Roboter ohne Gefühle« fühlen oder in »einer Höhle, aus der es kein Entkommen gibt«, wähnen.

Übung

Gefühlsmetaphern

1. *Wie fühlen Sie sich gerade? Einfach nur gut – oder nicht so gut? Interessiert – oder konzentriert und gespannt wie der Bogen eines Pfeilschützen? Müde – oder könnten Sie Bäume ausreißen? Versuchen Sie, Ihren momentanen Zustand mit einem Gefühlsbegriff so genau wie möglich zu beschreiben. Suchen Sie dann ein Bild oder einen Vergleich dafür:*

2. *Wie fühlten Sie sich in Ihren besten Momenten – beschreiben Sie Ihre positiven emotionalen Erfahrungen so genau wie möglich.*

3. *Wie fühlten Sie sich in Ihren weniger guten Momenten? Beschreiben Sie Ihre Tiefs so genau wie möglich.*

4. *Wie metaphorisch sind Ihre Formulierungen? Konnten Sie bei Ihren emotionalen Beschreibungen auf Metaphern verzichten?*

Soziale oder kommunikative Kompetenz: das Metapherngefüge der Beziehungen erkennen und gestalten

Sozialkompetenz gilt allgemein als Fähigkeit, zwischenmenschliche Beziehungen mit anderen konstruktiv und kooperativ zu gestalten, Kollegen, Mitarbeiter oder Lebenspartner in ihrem Handeln zu verstehen und mit ihnen angemessen umzugehen.

Im Einzelnen sollten sozial kompetente Menschen folgende Fähigkeiten besitzen: Einfühlungsvermögen, Kommunikationsfähigkeit, Gruppenfähigkeit, Kooperations- und Konfliktlösungsfähigkeit.

Definition der Sozialkompetenz

Für Psychologen und Verhaltensforscher ist Sozialkompetenz ein komplexes Gefüge aus Wahrnehmungs-, Denk- und Handlungsstrukturen, das sich durch sämtliche Lebensbereiche zieht und das kommunikative Zusammenleben mit anderen erst ermöglicht.

Wie ein genauerer Blick in die Kommunikationsforschung aber zeigt, verstehen und gestalten wir die Komplexität dessen, was »Kommunikationssystem« oder »dynamische Zeitgestalt« unserer Beziehungen genannt wird, praktisch immer auf der Basis metaphorischen Denkens: »Das alltagsweltliche wie auch wissenschaftliche Verständnis des Ausdrucks Kommunikation«, betont etwa Sprach- und Kommunikationsprofessor Werner Nothdurft, »ist hochgradig metaphorisch bestimmt.«

In jedem »Beziehungsmanagement« geht es fundamental darum, die übergeordneten metaphorischen Denk- und Sprachbilder der Beziehung zu erkennen und zu koordinieren. Komplexitätskompetenz bedeutet auch in kommunikativen Zusammenhängen, sich neben den analytischen oder logischen Strukturen immer der metaphorischen Prozesse, Grundlagen oder Gestalten bewusst zu werden, sie zu reflektieren und zu integrieren.

Unter professionellen Vorzeichen sind beispielsweise Experten wie Psychologen und Therapeuten in ihrer kommunikativen Praxis so von metaphorischem Denken und Metaphernbildungen abhängig, dass sie die Metaphern, Bilder oder Sprachspiele ihrer Klienten übernehmen müssen, damit sich diese verstanden fühlen.

Kommunikation beruht auf Metaphern

Dies gilt aber auch in anderer Hinsicht: Ob wir unsere ganz privaten oder beruflichen Beziehungen als *Reise, Kampf, Tanz, Dschungel, Kunstwerk, Spiel, Musik* oder *Krieg* oder in irgendeiner anderen metaphorischen Gestalt verstehen – unbewusst und unbemerkt beruht das komplexe Ganze unserer kommunikativen Interaktionen jeweils auf Metaphern oder Metapherngeflechten.

Diese metaphorischen Grundlagen gelten für alle zwischenmenschlichen Zusammenhänge: Wer als Forscher oder Manager z. B. glaubt, dass wissenschaftliche Argumentation oder Businessgespräche *Kampf* oder gar *Krieg* bedeuten, wird *Diskurse* und *Schlachten* führen, seinen Gegnern das *Wasser abgraben* und sie in die *Ecke drängen.*

Männliche und weibliche Metaphern

Für die Beziehungsprobleme zwischen Männern und Frauen machen Psychologen zunehmend ihre unterschiedliche, unvereinbare Metaphorik verantwortlich: Vor allem die Sprache der Männer basiert dabei häufig auf Metaphern aus dem sportlichen oder militärischen Bereich. Für Frauen schafft dies jedoch keinen Bezugsrahmen, da sie in anderen Welten wohnen.

Militärische Metaphern:

- Stellung beziehen oder halten
- in die Schusslinie geraten
- an vorderster Front stehen

Sportliche Metaphern:

- am Ball bleiben
- den K.o. verpassen
- einen Tiefschlag landen

Übung

1. Suchen Sie nach ähnlichen Formulierungen:

___

___

___

___

2. Welche Person(en) in Ihrer Umgebung spricht (sprechen) in solchen Metaphern? Was bedeutet dies für deren Handeln?

___

___

___

___

3. Ersetzen Sie nun »Kampf« durch eine andere Beziehungsmetapher, z.B. »Beziehung ist Spiel, Kunst(werk), Musik, Reise«:

– Beziehung ist ___

4. Wie lauten einige sprachliche (Alltags-)Formulierungen für die von Ihnen gewählte Metapher?

___

___

___

___

5. *Was bedeutet dieser Metaphernwechsel für die kommunikative Praxis? Was verändert sich dadurch im Vergleich zu den obigen Metaphern?*

– Im Denken:

– Im Fühlen:

– Im Handeln:

Das metaphorische Beziehungsverständnis führt ein mächtiges Eigenleben. So ist es etwa gefährlich für eine Partnerschaft, wenn die Partner verschiedene Beziehungsmetaphern gebildet haben: der eine etwa die *Lebensreise* und der andere das *Wirtschaftsunternehmen*. Paartherapeuten wissen, dass viele Beziehungsprobleme in einer mangelnden Interaktion der Beziehungsbilder begründet liegen: »Ich wollte dir immer die Sterne am Himmel zeigen«, formulierte Else Lasker-Schüler die Metaphernproblematik vieler Paare, »aber du hast nur zu Boden geschaut«.

Persönlichkeitskompetenz: das Ich als Abenteurer, Künstler, Kämpfer oder Alleskönner?

Die Art und Weise, wie wir mit uns selbst umgehen, welchen Lebensentwurf und welches Selbstverständnis wir entwickeln, ist ebenso fundamental metaphorisch begründet. »Diese große Welt ist der Spiegel«, erkannte schon Montaigne, »in den wir hineinschauen müssen, um uns von Grund auf kennen zu lernen.« Nur mit Hilfe der Metapher, bilanziert Ralf Konersmann jüngst seine intelligente Analyse über das Ich der Neuzeit, können wir unserer »Lebenskultur und ihrem Text Gestalt verleihen«.

Insgesamt dokumentiert die Psychologie zum Selbstkonzept, dass sich Persönlichkeit oder Subjektivität nicht in einer Weise begründen lassen, die begrifflichen Ansprüchen genügt, sondern auf das metaphorische Sprachbild angewiesen ist: das Ich als *Abenteurer, Künstler, Kämpfer, Held* oder *Versager* usw.

Übung

»Ich-Bilder«

1. *Wie würden Sie sich im »tiefsten Inneren« charakterisieren?*

____

____

____

____

2. *Welches Bild oder welche Metapher(n) geben Ihr Selbstverständnis am besten wieder?*

____

____

____

3. *Versuchen Sie, dieses Bildergeflecht in einer metaphorischen Formulierung auszudrücken:*

4. *Wie würden Sie Ihre Lebensvision beschreiben?*

5. *Welches Bild oder welche Metapher(n) geben diese Vision am besten wieder?*

6. *Versuchen Sie, auch dieses Bildergeflecht in einer metaphorischen Formulierung auszudrücken:*

Zeitmanagement: Balancing und metaphorische Zeitgestalten

Nicht nur rational

Zur Persönlichkeitskompetenz zählt auch ein kluges Zeitmanagement. Natürlich benötigt man dazu elementare rationale und analytisch-planerische Fähigkeiten, wie sie etwa Lothar Seiwert oder Stephen Covey in den letzten Jahren umfassend dargestellt haben: sich beispielsweise auf das Wesentliche zu konzentrieren, Prioritäten festzulegen, Pufferzeiten einzuplanen usw. Aber selbst der lange betont rational orientierte Seiwert argumentiert nun, dass »Zeitmanagement weitaus mehr umfasst, als Posteingänge nach Prioritäten zu sortieren«.

Wie sehr auch ein kluger Umgang mit der Zeit metaphorisch begründet ist – Seiwert spricht vom ganzheitlichen Lebensmanagement, das von einer »Lebensvision« getragen sein muss –, kann man sich etwa dadurch bewusst machen, dass man die vermeintlich einfache Frage »Was ist Zeit?« zu beantworten versucht.

Die berühmte Antwort von Augustinus lautet: »Wenn mich niemand danach fragt, weiß ich es. Will ich es aber einem Fragenden erklären, weiß ich es nicht«.

Während Zeit für Kafka beispielsweise ein *stehender Sturm* war, wird sie lexikalisch so definiert: »Abfolge des Geschehens, die, als Vergangenheit, Gegenwart und Zukunft, am Entstehen und Vergehen der Dinge erfahren wird. Die Einheit der Zeit ist die Sekunde (Zeichen s), definiert durch das 9 192 631 770fache der Periodendauer der beim Übergang zwischen den beiden Hyperfeinstrukturniveaus des Grundzustands von ^{133}Cs-Atomen entsprechenden Strahlung.

Im bürgerlichen Leben wird die Zeit nach dem scheinbaren Lauf der Sonne um die Erde (Sonnenzeit) und dem Lauf der Erde um die Sonne (Jahr) bestimmt. Zur Zeitmessung dienen Uhren, die durch astronomische Beobachtungen laufend kontrolliert und korrigiert werden.«

Verstehen Sie Zeit auch so lexikalisch-rational oder anders? In der folgenden Übung und ihrem Zeittest ZMT können Sie herausfinden, welches Zeitbild Sie haben:

Übung

Zeitbilder

1. *Was bedeutet für Sie Zeit?*

____

____

____

____

____

2. *Bewerten Sie im Folgenden, wie gut die 25 Zeitbilder Ihren eigenen Zeitvorstellungen und -wahrnehmungen gerecht werden. Suchen Sie dabei die fünf heraus, die Ihnen am besten gefallen, und markieren Sie jede mit einem Kreuz.*

1. *Ein großes kreisendes Riesenrad*
2. *ein Kreisel*
3. *ein Weg, der über einen Berg führt*
4. *aufgehende Blattknospen*
5. *ein alter Mann mit Stock*
6. *ein Vogel im Flug*
7. *ein sausendes Weberschiffchen*
8. *eine sich abwickelnde Spule*
9. *ein rasender Zug*
10. *ein still ruhendes Meer*
11. *eine brennende Kerze*
12. *eine Treppe, die nach oben führt*
13. *ein stürzender Wasserfall*
14. *ein Raumschiff im Flug*
15. *vom Wind verwehter Sand*
16. *eine alte Frau am Spinnrad*
17. *dahinziehende Wolken*
18. *marschierende Füße*
19. *ein unermesslich ausgedehnter Himmel*
20. *der Felsen von Gibraltar*
21. *ein fliehender Dieb*

22. ein verschlingendes Ungeheuer
23. ein ruhiger, einschläfernder Gesang
24. eine Perlenschnur
25. ein galoppierender Reiter

3. Machen Sie die Auswertung entsprechend den Erläuterungen im Anhang auf Seite 206. Welcher Zeittyp sind Sie?

---

4. Würden Sie die Frage, was Zeit für Sie bedeutet, nun anders beantworten?

Man kann die deutlich gewordenen Zusammenhänge[1] so formulieren: In unserem Alltagserleben erfahren wir die Komplexität unseres Ichs und unserer Welt als Zeitgefüge. Je bessere Zeitgestalten wir schaffen, desto besser können wir damit umgehen. Je besser wir mit ihren Rhythmen schwingen, umso sinnvoller wird es. Je stärker wir mit den Eigen- und Fremdzeiten schwingen, desto komplexitätsfähiger werden wir. Je besser unser Verständnis für Zeit, desto klüger können wir mit Komplexität umgehen. Praktisch heißt das:

> **Je angemessenere und klügere *Zeitmetaphern* wir entwickeln, umso verständlicher werden uns komplexe Zusammenhänge – im Inneren unserer Persönlichkeit ebenso wie »draußen«.**

Systemkompetenz: Komplexität verstehen

Systemisches oder vernetztes Denken ist eines, das die Komplexität von Systemen bewältigt – so der gemeinsame Nenner in der Wissens- und Intelligenzforschung.

Systemisches Denken als bloßer Modebegriff

Systemforscher Günter Ossimitz kritisiert allerdings, dass systemisches oder vernetztes Denken ein Modebegriff geworden ist, der in der Forschung und der Weiterbildungsszene etwa genauso beliebig gebraucht wird wie in anderen Bereichen des öffentlichen Lebens. Es gebe kaum Ansätze einer konzisen und griffigen Definition des Schlüsselbegriffes: »Die einzelnen Autoren tun so, als wäre dies ohnehin klar, oder meinen vielleicht, dass sich die Bedeutung ohnehin aus der Art, wie der Begriff verwendet wird, ergeben müsste.«

Ähnlich moniert die Managementtrainerin und systemische Beraterin Michèle Neuland, dass wir zwar fast schon selbstverständlich von vernetztem Denken, Regelkreisen, Interdependenzen, Synergien und ähnlichen Konzepten sprechen, diese »aber kaum begreifen: Versuchen wir diese Begriffe tatsächlich weiterzudenken, tun wir uns schwer, deren Ausmaße, deren Bedeutungen und Tragweiten in unserem täglichen Lauf der Dinge zu erfassen«.

Ossimitz unterscheidet im Wesentlichen vier Dimensionen der Systemkompetenz:

- ein Denken in vernetzten Strukturen (vernetztes Denken),
- ein Denken in systemischen Zeitgestalten (dynamisches Denken),
- ein Denken in bewusst wahrgenommenen Modellen (modellorientiertes Denken) und
- die Fähigkeit zur Steuerung von Systemen (systemorientiertes Handeln).

Vernetztes Denken

Vernetztes Denken ist im Wesentlichen die Fähigkeit, weiter als nur in einfachen Ursache-Wirkungs-Beziehungen zu denken, auch indirekte Wirkungen und insbesondere Rückwirkungen von den Wirkungen auf die Ursachen (d.h. Rückkopplungskreise) zu erkennen.

In komplexen Systemen gibt es keine einfache Ursache mehr. So kann man bei einem alten Ehepaar niemals angeben, dass der Mann so oft weggeht, *weil* die Frau nörgelt, oder die Frau nörgelt, *weil* der Mann nie da ist – statt einfacher Ursachen gibt es komplexe, sich gegenseitig beeinflussende Wirkungsgefüge. Obwohl dabei analytische und logische Momente eine wichtige Rolle spielen, betonen Netzwerkforscher wie Frederik Vester, dass auch hier Logik durch metaphorisch geprägte *Analogik* ergänzt werden muss.

Dynamisches Denken

Der *zeitliche* Verlauf spielt per Definition in allen komplexen Systemen eine entscheidende Rolle. Zeitliches Denken über die Entwicklung komplexer Systeme ist aber inhaltlich häufig metaphorisch. In der Chaosforschung ist beispielsweise die Schmetterlingsmetapher berühmt geworden: Über lange Sicht kann der einfache Flügelschlag eines Schmetterlings das hochkomplexe, rückgekoppelte Wettersystem so verändern, dass es zu einem Orkan kommt.

Modellorientiertes Denken

Modellorientiertes Denken[2] ist unausgesprochen metaphorisch: Welchem »Modell« gleicht Ihr Unternehmen: einem *Kasernenhof* oder einer *Kirche*? Einer *Weltraumstation*, einer *atmenden Zelle*, einem *Uhrwerk* oder einem *Jazz- oder Symphonieorchester*?

Tatsache ist, dass rein formale logische Prozesse nicht weiterhelfen. Komplexe Probleme in »Modellen« kann man nicht wie einen mathematischen Dreisatz lösen: Man muss vielmehr ein Gespür für das Wirkungsgefüge entwickeln und sich gewissermaßen darauf »einschwingen« können.

Dabei müssen die komplexen Denker Neuland betreten und angesichts der unüberschaubaren Verhältnisse heuristisch denken lernen. Als Heuristik bezeichnet man alle kreativen Denkmethoden, mit denen man Neues erschließen kann (»heuristisch« bedeutet entsprechend »richtungweisend, erfindungs- oder erkenntnisfördernd«). Die untrennbar miteinander verbundenen heuristischen Verfahren sind Analogiebildung, Modellbildung, Abstraktion, Imagination und Metaphorik.

Unter diesen heuristischen Verfahren nimmt die Metapher eine übergeordnete Stellung ein: Metaphorische Konzepte implizieren immer analoge Strukturen, während reine Analogien nie metaphorisch sind; gleichzeitig integrieren sie abstrakte Denkprozesse ebenso, wie sie auf Phantasie oder Imagination beruhen und abstrakte Modelle schaffen. Dies lässt nur einen Schluss zu: Der Königsweg im komplexen, systemischen Denken liegt in metaphorischen Prozessen.

Systemorientiertes Handeln

Um in komplexen Systemen sinnvoll handeln zu können, muss man ein Gespür für das jeweilige komplexe und dynamische Modell entwickeln. System- und Komplexitätsforscher sprechen hier von »erfahrungsbasierter Intuition«. Es kommt darauf an, mit seinem System ebenso wie ein guter Trainer mit seinem Team umzugehen oder auch Atmosphären »lesen« zu können – wie zum Beispiel Giovanni Trappatoni. Als der italienische Meistertrainer Mitte der 90er-Jahre nach München kam, sprach er eine für deutsche Verhältnisse neue und überraschende Metaphernsprache: Fußball sei *Musik* und die Mannschaft ein *Orchester*, erklärte der weltgewandte Italiener den Journalisten und Fans, und der Trainer ein *Dirigent*, wobei es für die ganze *Symphonie* auf die persönlichen *Rhythmen* der Spieler ebenso ankomme wie auf das gesamte Rhythmus- oder Rhythmengefüge des Teams.

Die Bedeutung metaphorischen Denkens bei der Systemkompetenz betonen auch Dietrich Dörner und Franz Reither. Beim systemischen Denken haben alle formalen Ansätze und Strategien höchstens den Charakter unterstützender Werkzeuge, während sie das eigentliche Handwerk und seine Kunst nicht vermitteln. Die Kunst der Komplexitätsbewältigung ähnele derjenigen eines Schiffsführers in teilweise unbekannten Gewässern.

Analogien

Für Dörner und Reither sind *Analogien* der Königsweg komplexen Denkens. Allerdings zeigt ein genauerer Blick in die Forschung, dass das, was Denk- und Komplexitätsforscher als Analogien bezeichnen, in vielen Fällen in höher dimensionierten Prozessen metaphorischen Denkens integriert ist.

Diese übergeordnete Bedeutung der Metapher findet sich auch bei Dörner selbst – beispielsweise wenn er dem komplexen Denken des bekannten Strategen Clausewitz und dessen metaphorischer Bewältigung der komplexen Lebenswelt kriegerischer Konflikte einen auffallend ausführlichen, exemplarischen Stellenwert einräumt.

»Die Sense richtig schwingen«

> »Der Krieg in seinen höchsten Bestimmungen besteht nicht aus einer unendlichen Menge kleiner Ereignisse, die in ihren Verschiedenheiten sich übertragen und die durch eine bessere oder schlechtere Methode besser oder schlechter beherrscht würden, sondern aus einzelnen großen, entscheidenden, die individuell behandelt sein wollen. Es ist nicht das Feld der Halme, die man ohne Rücksicht auf die Gestalt der einzelnen mit einer besseren oder schlechteren Sense besser oder schlechter mäht, sondern es sind große Bäume, an welche die Axt mit Überlegung, nach Beschaffenheit und Richtung eines jeden einzelnen Stammes angelegt sein will.«
>
> Clausewitz

Metaphern des Baumfällens von Clausewitz

Dörner betont ausdrücklich, dass diese Metapher eine besonders erhellende Strategie sei: »Damit der Komplexitätsmanager ein guter Baumfäller werde«, so der Psychologe, »ist die clausewitzsche Metapher des Baumfällens sehr gut geeignet, um sich klar zu machen, dass sich die Gesamtansicht der Situation oft durch Änderung eines winzigen Umstandes völlig wandelt«. So muss man sich sorgfältig bewusst machen, »wie die Hanglage ist, wie die Nachbarbäume stehen, von welcher Gestalt die Krone des zu fällenden Baumes ist, welche Windrichtung herrscht, ob der Stamm vielleicht verdreht gewachsen ist, um den richtigen Schnitt zu finden. Ändert sich nur ein Merkmal, muss man den Schnitt ganz anders ansetzen«.

Auch wenn sich Dörner auf die Individualmetapher von Clausewitz beschränkt und nicht das metaphorische Denken an sich als grundlegend für die strategische Komplexitätsbewältigung weiterentwickelt, geht es faktisch um Metaphern und metaphorisches Denken: Komplexe Phänomene lassen sich nicht mit Patentrezepten angehen, sondern benötigen ein Gespür für die Gestalt, die Konfiguration oder das Modell.

Der Geist systemisch-komplexer Systeme ist praktisch immer metaphorisch. Wer systemkompetent denken und handeln möchte, muss rational-analytische Aspekte in die systemischen, intuitiven und synthetischen Dimensionen integrieren können.

Ob man dabei im Management analoge Kompetenzen, verbesserte Abstraktions- und Symbolfähigkeit, emotionale Qualitäten, Perspektivenvielfalt, das gleichzeitige analytische und synthetische Denken oder das besonders beliebte Denken in Szenarien als nachhaltig systemkompatibel und komplexitätsfähig erkennt oder fordert – auch bei diesen »Metaqualifikationen« geht es unausgesprochen um metaphorische Qualitäten.

Fazit

Wenn man Metaqualifikationen als gemeinsamen Nenner aller wichtigen zukunftsfähigen Komplexitätstechniken versteht, dann handelt es sich meist unausgesprochen um mentale Qualitäten, die auf metaphorischen Prozessen beruhen. »Wer Komplexität bewältigen will«, zieht Franz Reither in seinem Buch *Komplexitätsmanagement* als Bilanz einer fast 20-jährigen empirischen Komplexitätsforschung, »muss selbst komplex sein«.

Der oft beschworene Generalist muss als Steuermann der Zukunft vor allem die Kunst des metaphorischen Denkens beherrschen und in den neuen komplexen Businesswelten metaphorisch intelligent navigieren können – der Generalist muss zum »Metaphernspezialisten« werden.

Übergangskompetenz

Wie sehr metaphorisches Denken metaqualifikatorische Kompetenzen bestimmt, wird auch in einer anderen Darstellung dieser »Zukunftsqualifikationen« unserer auf lebenslanges Lernen eingeschworenen Wissensgesellschaft deutlich: In einer eingehenden Analyse fand der Münchner Bildungs- und Wissensforscher Karlheinz Geissler übergeordnete Strukturqualitäten, die er als Meta-Kompetenzen bezeichnet. Demnach müssen wir neben den *sozial-kommunikativen Kompetenzen* vor allem so genannte »Übergangs-« und »Pluralitätskompetenzen« entwickeln.

Bei den *Übergangskompetenzen* geht es darum, berufliches, qualifikatorisches, soziales und interkulturelles »Neuland« gestalten zu können. Im globalen Wettbewerb muss man etwa traditionelle Grenzen zwischen Systemen, Kulturen, Denktraditionen und Mentalitäten überschreiten und integrieren können.

Über Übergangskompetenzen verfügen *Paradigmenveränderer*, die großen »Ketzer«, deren neuen Ideen und »Weltbilder« den anderen verrückt oder abstrus erscheinen – wie folgende alte Geschichte über die Einwohner einer Insel metaphorisiert:

Neue Welten für Kohlköpfe?

Die Insulaner sehnten sich danach, in ein anderes Land auszuwandern, in dem sie ein gesünderes und besseres Leben führen könnten. Das Problem war, dass die praktischen Künste der Schifffahrt und des Schwimmens bei diesen Leuten nie entwickelt worden oder schon vor langer Zeit verloren gegangen waren. So gab es unter der Inselbevölkerung einige, die sich einfach weigerten, über Alternativen zu dem Leben auf dieser Insel nachzudenken. Andere versuchten, an Ort und Stelle ihre Probleme zu lösen, ohne an eine Überquerung des Wassers zu denken. Ab und zu erfand einer der Inselbewohner die Kunst des Schwimmens aufs Neue, und manchmal kam auch ein hoffnungsvoller Schüler zu so jemandem, der das Wasser zu überqueren wusste. Dann entwickelte sich etwa folgender Dialog:

»Ich möchte schwimmen lernen.«

»Möchten Sie einen Vertrag aushandeln?«

»Das ist nicht nötig, ich muss nur meinen Sack Kohlköpfe mitnehmen können.«

»Was für Kohlköpfe?«

»Na, das Essen, das ich auf der anderen Seite brauchen werde.«

»Dort gibt es besseres Essen.«

»Wie soll ich das verstehen? Ich kann doch nicht sicher sein – nein, meine Kohlköpfe muss ich mitnehmen!«

»Aber mit einem Sack Kohlköpfe können Sie nicht schwimmen!«

»Dann kann ich auch nicht mitkommen. Sie nennen es eine Last – ich nenne es lebenswichtige Nahrung.«

Nach Idries Shah

Auch bei der Übergangskompetenz gilt für die komplexe Alltags- und Businesspraxis: Wer sich in anderen Bedeutungssphären orientieren und verhalten möchte, kann dies gar nicht anders als mit metaphorischem – genauer: »metaphernpluralem« – Denken.

Pluralitätskompetenzen

Pluralitätskompetenzen wiederum sind nötig, um mit hohen beruflichen oder individuellen Unsicherheiten umgehen und sie bewältigen zu können. Dazu muss man in allen Lebens- und Arbeitsbereichen unterschiedliche Perspektiven einnehmen und verstehen lernen. Aber wie sollten wir unterschiedliche komplexe »Welten« auch nur annähernd begreifen, wenn wir nicht in metaphorischen Weltbildern denken?

Zukunftsforscher Joel Barker charakterisiert den vergleichbaren Typus des *Paradigmenpioniers* analog zum Wilden Westen als Mensch, der dem schmalen Pfad der beginnenden Paradigmenveränderung folgt und es wagt, ins Ungewisse aufzubrechen. Er weiß dabei, dass er viele unterschiedliche, neuartige und unbekannte Umgebungen bewältigen und verstehen muss – wie folgende Geschichte veranschaulicht:

Vom richtigen und falschen Nomadenleben

Vor langer Zeit lebte ein Stamm. Die Angehörigen dieses Stammes jagten Wild, tranken vom Wildbach und schliefen nachts in Zelten. Nach einer herrlichen Nacht in einer angenehmen Gegend brachen einige Stammesmitglieder auf, um Wild zu jagen. Sie brachten Wildbret mit, das für einige Zeit vorhielt. »Lasst uns hier bleiben«, schlugen sie vor, »hier ist gut sein.« So blieb der Stamm für einen Tag und dann noch für einen. Bald lernten die Jäger, Tiere zu zähmen und zu züchten, das Land zu bestellen und das Wasser einzudämmen. Als sie reicher wurden und sich stärker fühlten, machten sie große Pläne. Sie bauten sich Häuser und später große Villen. Und sie bauten Zäune gegen ihre Feinde. Diese schienen ihnen schlimme Feinde zu sein. Aber die Zäune waren gut und nach jeder Attacke machte der Stamm sie noch stabiler.

Pilger zogen vorbei und erzählten Geschichten von besseren Lagern und von anderem Wild, aber der Stamm hörte nicht mehr auf sie. Der letzte Jäger war schon gestorben, als während eines heißen Sommers der Wildbach weniger Wasser trug als sonst. Zuerst merkte das niemand, aber als der Wildbach weiter austrocknete, informierte der Wassermanager den Stammesrat. Dieser enthob den Wassermanager seines Amtes und beschloss mit 8 zu 1 Stimmen, dass genug Wasser im Wildbach sei.

Der Stamm arbeitete weiter an seinem Zaun, der zwischenzeitlich schon so dick geworden war, dass niemand mehr die Umgebung jenseits des Zaunes sehen konnte. Einige Tage später waren die Tiere tot. Sie waren in der Hitze mangels Wasser verdurstet. Als die Stammesmitglieder nun Leitern holten und über den Zaun schauten, stellten sie fest, dass das Weideland um sie herum zu einer Wüste geworden war.

Da entschlossen sie sich weiterzuwandern. Doch dazu war es schon zu spät – sie hatten das Wandern verlernt. Der Stamm ging unter.

Bevor wir auf die elementare Bedeutung des bereits angesprochenen metaphernpluralen Denkens zurückkommen, sollten wir uns mit der Macht und dem Wunderwerk der Metapher beschäftigen: Es wird sich zeigen, dass uns das metaphorische Denken nicht nur mit dem Neuen und vermeintlich Undurchschaubaren komplexer Phänomene vertrauter macht, sondern es selbst ein Lehrstück in Sachen Komplexität und »Komplexitätsmanagement« ist.

2. Teil
Metaphor matters! Komplexitätsmetaphern im Firmenalltag

Metapher – Mutter aller Welterkenntnis

In jedem Lebensbereich – ob Poesie und Wirtschaft, Politik, Sport, Wissenschaft oder Alltag – gibt es beliebig viele Beispiele metaphorischer Formulierungen: »Die Sprache ist so voller Metaphern wie der Schwarzwald voller Bäume«, meint beispielsweise Systemforscher Hans-Rudi Fischer, »wenn wir unseren Blick dafür erst einmal geschult haben.«

Metaphernalltag

Er ist *tief* gefallen.
Unser Chef ist ein *Schauspieler.*
Die *vollen Tage stehen* auf ihren Tischen.
Das Gehirn ist ein *Computer.*
Zeit ist *Geld.*
Er ist eine *Wolfsnatur.*
Sie trinkt einen *schweren* Rotwein.
Als Manager liebt er die *Front.*
Ich sehe *schrille Farben.*
Unsere Firma ist ein *Uhrwerk.*
Wir fühlten uns *ausgebrannt.*
Ich komme morgens nicht *in die Gänge.*
Diese Abteilung ist der *Dschungel* des Unternehmens.
Er möchte uns das *Wasser abgraben.*
Du bist ein *Schwein.*
Ich habe sie endlich *erobert.*
Die *schwarze Milch der Frühe.*
Das *Boot ist voll.*
Unser Markt ist ein *Haifischbecken.*

Das Gedächtnis ist ein *Filmarchiv.*
Dieser Vortrag *verdunkelt* alles.
Das Gedächtnis ist ein *Filmstudio.*
Die *Abwehr beginnt zu schwimmen.*
Das Team hat seinen *Rhythmus* gefunden.
Das *Pendel der Geschichte schwingt* wieder zurück.
Im *Schwingungsmeer* der Quanten.
Er ist völlig *verstrickt.*
Das Universum ist nur eine *winzige Blase in einem gigantischen Meer kosmischen Schaums.*

Definiert wird die Metapher laut Duden als »sprachlicher Ausdruck, bei dem ein Wort (eine Wortgruppe) aus seinem Bedeutungszusammenhang in einen anderen übertragen, als Bild verwendet wird«. Oder als »eine Sprachfigur, in der ein Begriff von einem Objekt, das er gewöhnlich bezeichnet, auf ein Objekt übertragen wird, das er nur mittels Analogie oder impliziten Vergleichs bezeichnen kann« (Meyer).

Wesentlich sind dabei zwei Aspekte:

Übertragung

1. Im metaphorischen Prozess übertragen wir Wissen von einem Gebiet auf ein anderes. *Metaphorein* bedeutet im Griechischen »übertragen, anderswohin tragen«. In diesem Prozess wird etwas Unbekanntes gleichsam mit Bekanntem aufgeladen.
2. Metaphern bestehen strukturell aus zwei Teilen: Sie heißen Quelle und Ziel, Ursprungs- und Zielbereich, Bildspender und -empfänger, Vehikel und Topik oder, wie im Modell des amerikanischen Bewusstseinsforschers Julian Jaynes, »Metaphorator« und »Metaphorand«.

Wie die Abbildung zeigt, wäre der König in der Metapher *Der Löwe ist der König der Tiere* formal als Quelle, Ursprungsbereich, Bildspender, Vehikel oder »Metaphorator« zu bezeichnen, der Löwe entsprechend als Ziel oder Zielbereich, Bildempfänger, Topik oder »Metaphorand« zu benennen.

»Der Löwe ist der König der Tiere«

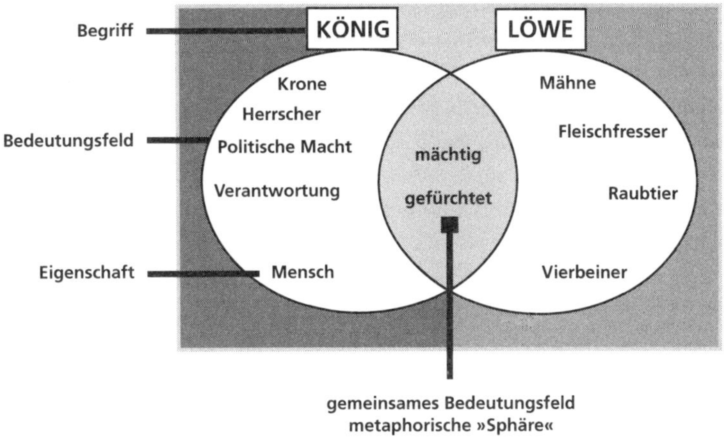

Metaphorisches Denken: geistiges Sinnesorgan für alles Komplexe

Am traditionellen Metaphernverständnis kritisieren die beiden führenden Metaphernforscher der Gegenwart, George Lakoff und Mark Johnson, dass die Metapher »kein einfaches Sprachbild« sei, sondern »eine *Modalität* des Denkens«. Unter den vielen wichtigen Merkmalen der Metapher ist diese Charakteristik die wohl wichtigste: Wir denken metaphorisch und unser Bewusstsein ist metaphorisch organisiert.

Um der ganzen Macht der Metaphern auf unser Denken und Handeln gerecht zu werden, definieren Lakoff und Johnson Metaphern und metaphorisches Denken daher sehr viel umfassender:

> **Eine Metapher ist eine auf Imagination gegründete Rationalität. Dabei wird linkshemisphärisches Denken (Rationalität, Sprache, Logik) und rechtshemisphärisches Denken (Imagination, Kreativität, Phantasie, Emotionen, Bildlich-Symbolhaftes) miteinander verbunden.**

Bedeutung der Imagination

Um die Tragweite dieser neuen Definition zu verstehen, muss man sich bewusst machen, welche Bedeutung die Imagination oder die Vorstellung für unser Bewusstsein hat: Den Kräften des imaginativen oder vorstellenden Bewusstseins verdanken wir unsere Freiheit – ohne die »negierende«, die Wirklichkeit übersteigende Kraft der Imagination und der Fantasie wären wir so etwas wie zeit- und seelenlose Maschinenwesen: Wir könnten uns beispielsweise nicht vom Jetzt lösen und uns auf andere zukünftige Situationen oder ein anderes Leben hin entwerfen. Ohne Imagination gäbe es keine Kreativität und keine Ideen.

Da Metaphern kognitiv-sprachliche und imaginativ-bildhafte Prozesse integrieren, beflügeln metaphorische Denkbilder unsere Phantasie und Kreativität genauso wie den Verstand, die Sprache und unsere Emotionalität. Das metaphorische Denken ist notwendige Grundlage für die Sinnfindung: »Die Metapher erlaubt uns«, bilanziert Metaphernforscher Martin Buchholz das Wesentliche, »das eigentlich ›Unsagbare‹ zu formulieren, viele Bereiche denkend zu erschließen, Zukunftsperspektiven zu öffnen, Neues oder Unbekanntes zu integrieren – und unsere Angst zu reduzieren.«

Metaphern = geistige Sinnesorgane

Metaphern sind zentrale Sinnesorgane für unsere soziale und geistige Welt und wirken für unser Bewusstsein wie eine Linse: Im metaphorischen Denken wird ein unzugänglicher, neuer oder wenig bekannter Bereich mit den Strukturen eines bekannteren gesehen, verstanden, beschrieben oder gestaltet. Metaphern sind kognitive Werkzeuge, die zur Wahrnehmung bisher unbekannter Aspekte oder Zusammenhänge absolut notwendig sind oder uns Bekanntes in gänzlich neuem Licht zeigen.

Das metaphorische Denken und Bewusstsein ist dabei vor allem praktisch: Mit all seinen kognitiven, »bildhaften« und emotionalen Einflüssen schafft es konkrete Wirklichkeiten und Handlungsfelder. In Metaphern leben wir und erleben unsere Welt.

Metaphern entscheiden bei Kündigung und Bewerbung

Wie existenziell diese metaphorischen Denk-, Sprach- und Handlungsbilder wirklich sind, bestätigt eine empirische Untersuchung des Psychologen Helmut Bock. In seinen Studien zum Stellenwert des metaphorischen Denkens im Problemlöseverhalten gab er seinen Versuchspersonen zwei berufliche Problemsituationen vor

– Kündigung und Bewerbung – und forderte sie auf, diese Probleme in einem Rollenspiel zu besprechen und zu bewältigen.

Zur »Einstimmung« bot er ihnen vier metaphorische Denkperspektiven: Sie sollten sich vorstellen, die Probleme

1. seien eine Lawine, die auf sie zukomme,
2. türmten sich vor ihnen auf wie ein Berg,
3. der Versuchsteilnehmer stehe auf einem zu steilen Skihang oder
4. er rudere in einem kleinen Boot auf dem Ozean.

Während der *Skihang* zu den häufigsten aktiven Versuchen führte, kam es bei der *Lawinen*-Bedingung zu den meisten resignativen und passiven Lösungen. Die durch die *Berg*- und *Meer*-Metapher erschlossenen Handlungswelten lagen dazwischen.[3]

Falsche »Welt-Bilder« – richtige Weltbilder?

> Ein ängstlicher Mensch, den schon die Vorstellung von Gefahr in Schrecken versetzte, beschloss, sich abzusichern, um dem überall lauernden Grauen aus dem Weg gehen zu können. Er kehrte der Welt den Rücken und errichtete in einer einsamen Gegend – die er aber mit seinen Träumen bevölkerte – ringsherum eine Mauer. Da er sie völlig schließen wollte, entstand ein kegelähnliches Gemäuer. Mühevoll trug er Steine aus der ganzen Umgebung zusammen. Obwohl er sein Werk sehr umsichtig formte, konnte er es nicht verhindern, dass der zu Stein gewordene Schutzwall über ihm zusammenbrach. Da niemand in der Nähe war, konnte auch niemand beurteilen, ob ein solches Maß an Schutz wirklich schützt.
>
> (nach Herbert Heckmann)

Wie multifunktional Metaphern sind, untersuchte in den 90er-Jahren der Metaphernforscher Bernhard Debatin in seinem grundlegenden Werk *Rationalität der Metapher*. Demnach erfüllt metaphorisches Denken und Sprechen folgende Funktionen: emotional, paradigmatisch, kognitiv, heuristisch, modellhaft, welterschließend, welterschaffend, rhetorisch, analogisierend, pädagogisch, veranschaulichend, ästhetisch, imaginativ, kreativ, poetisch, moralisch, mythisch, religiös, narrativ, kommunikativ, argumentativ oder reflexiv.

Auch wenn Debatin betont, die Liste sei nicht vollständig, bezeugt der bunte Strauß metaphorischer Vielfalt, dass metaphorisches Denken und der Prozess der Metaphernbildung eine der komplexesten geistigen Tätigkeiten überhaupt darstellt.

Manifeste und konzeptuelle Metaphern

Im Metapherngebrauch wird zwischen *manifesten* und *konzeptuellen* Metaphern differenziert. Manifeste Metaphern sind alltagssprachlich formulierte Sprachbilder, die wir zwar nicht als metaphorische Äußerungen bemerken, aber leicht erkennen, wenn wir auf sie aufmerksam gemacht werden und sie bewusst reflektieren – etwa wenn wir von *Wolkenkratzern, Motorhauben* und *Glühbirnen* sprechen oder vom *Flussbett,* die Beziehung in einer *Sackgasse* steckt oder man *down* ist und sich zurückziehen möchte.

Konzeptuelle Metaphern – *Oben ist gut, der Mensch ist eine Maschine, Business ist Krieg* – dagegen schaffen ein sehr viel breiteres und tieferes *Metaphernfeld.* Konzeptuelle Metaphern heißen je nach Sprachgebrauch auch *Wurzelmetaphern* oder *absolute Metaphern.* Dabei kann man sich an folgender Faustregel orientieren: Obwohl auch eher einfache Sprachbilder meist relativ komplexe Sachverhalte formulieren, sind konzeptuelle Metaphern die eigentlichen »Komplexitätsmetaphern«.

Während konzeptuelle Metaphern in Philosophie und Wissenschaft als fundamentale *Hintergrundmetaphorik* das wissenschaftliche Denken, Theoretisieren und Forschen bestimmen, sorgen *Daseinsmetaphern* in der Lebenswelt für Sinnverständnis, Weltdeutung und Handlungsorientierung. Selbst wenn wir uns dessen nicht bewusst sind, gestalten und bestimmen Metaphern unser Denken und Fühlen ebenso wie unser Handeln.

Einfache Sprachbilder und konzeptuelle Metaphern

»Einfache« metaphorische Sprachbilder

Wolkenkratzer
Tischbein
Kohlkopf
Salonlöwe
er ist ein Schauspieler
ich könnte Bäume ausreißen
er kämpft wie ein Löwe

Konzeptuelle Metaphern

Zeit ist Geld
– zu viel Zeit investiert
– das kostet wieder Zeit!

Oben ist gut – Unten ist schlecht
– ich bin spitze
– ich fühle mich völlig am Boden
– er ist tief gefallen

Verstehen ist Sehen / Wissen ist Licht
– das erhellt einiges
– ich blicke durch
– ihm ging ein Licht auf
– dies war eine Erleuchtung

Unternehmen ist eine Maschine
– Abeilungen müssen Räderwerke sein!
– Herr R. funktioniert wie geschmiert

Geist ist eine Maschine
– uns rauchen die Köpfe
– bei ihm ist der Groschen gefallen
– der hat ein Rad ab

Ideen sind Behälter
– seine Rede ist leer
– mehr Inhalt in weniger Worte packen!

Leben ist Kampf
hier ist der reine Dschungel!
– dann frisst dich die Konkurrenz!

Das Leben ist eine Reise
– wir sind unterwegs
– wir können nicht mehr zurück

Wer seine Beziehungen beispielsweise nur als *Geschlechter-Dschungel* begreift, lebt in einer anderen kommunikativen Welt als jemand, der sich im sprichwörtlichen *Rosengarten* wähnt. Wer sein Leben nur als *Kampf* versteht, der denkt, fühlt und handelt in seinem Dasein in anderen Erlebniswelten als derjenige, der es als *Kunst* versteht. Und wer seinen Körper als *Maschine* auffasst, wird ein anderes Leben führen als derjenige, der ihn – beispielsweise – als *Tempel der Seele* begreift.

Verstehen ist Sehen

Konzeptuelle Metaphern sind Eisberge, deren ganze Größe zuerst verborgen bleibt. So kann man sich das mächtige Bedeutungsfeld konzeptueller Metaphern am Beispiel *Verstehen ist Sehen* bewusst machen: Zahllose alltagssprachliche Formulierungen über Erkenntnis oder Wissen wie

- *Das habe ich eingesehen*
- *Es scheint mir offensichtlich*
- *Ein scharf umrissener Gedanke*
- *Ich muss dies erst reflektieren*
- *Er ist der Ansicht*

wären alle sinnlos, wenn wir ihren »eigentlichen« Sinn nicht innerhalb der metaphorischen Bedeutungsdimension *Verstehen ist Sehen* erschließen würden, was wir unbewusst selbstverständlich tun.

Zeit ist Geld

So handeln wir auch im Umgang mit der Zeit unbemerkt im mächtigen Horizont der konzeptuellen Metapher *Zeit ist Geld* – sprachlich manifest wird dies in unzähligen Formulierungen wie

- Er hat meine Zeit *vergeudet*
- Ich habe keine Zeit zu *verschenken*
- Das hat mir Zeit *gespart*
- Diese Autopanne *kostete* mich eine Stunde
- Er hat sich für mich wertvolle Zeit *genommen*
- Ich habe in diese Beziehung viel Zeit *investiert*
- Das ständige Fernsehen ist *verschwendet*e Zeit

Jedes metaphorische Bedeutungsfeld gibt viel zu denken, zu sehen und zu fühlen. Es »schwingt« gewissermaßen so, dass es einen ganzen Komplex von kognitiven Assoziationen, bildhaften Vorstellungen und Emotionen hervorruft.

So vermittelt selbst das etwas einfache und klischeehafte *er kämpfte wie ein Löwe* in kompakter Weise so viele Nuancen über einen komplexen kommunikativen Vorgang, dass jede andere Beschreibung seiner Atmosphäre, Spannung und Dramatik hölzern und reduziert erscheinen müsste. Ähnlich transportiert die metaphorische Beschreibung, jemand habe *versteinert* reagiert, viele Schattierungen eines komplexen emotionalen Prozesses – *gelähmt, gefühlskalt, teilnahmslos, erstarrt* usw.

Übung

Was ist Sprache?

1. *Vergleichen Sie die beiden folgenden »Definitionen« von Sprache:*

   Lexikalische Definition:
   »Ausdruck und Darstellung von Gedanken, Gefühlen, Willensregungen durch Zeichen (Zeichensprache), Gebärden (Gebärdensprache), besonders durch Laute. Die Lautsprache ist die vollendetste aller Formen menschlicher (und tierischer) Kommunikation« (Brockhaus).

   Metaphorische Definition:
   »Ein Gewinkel von Gässchen und Plätzchen, alten und neuen Häusern mit Zubauten aus verschiedenen Zeiten – und dies umgeben von einer Menge neuer Vororte mit geraden und regelmäßigen Straßen und mit einförmigen Häusern«
   (Ludwig Wittgenstein).

2. *Welche Bestimmung wird der Komplexität menschlicher Sprache besser gerecht: die traditionell lexikalisch-begriffliche Definition oder die metaphorische Fassung?*

3. *Warum?*

____

____

____

Das Metapherngeflecht

Wissen ist Licht

Konzeptuelle Metaphern bilden häufig ein *Metapherngeflecht:* So gründet die Metapher *Verstehen ist Sehen* in der von Blumenberg so genannten absoluten Metapher *Wissen ist Licht.* Dieses mächtige »Denkbild« fundierte nicht nur die ganze Menschheitsepoche der Aufklärung, sondern stand selbst am Anfang der abendländischen Kulturgeschichte: Heraklit definierte die erste Begriffsbestimmung dessen, was Denken bedeutet, in der Metapher *Denken ist Feuer* – ein göttliches Element, das ständig Fremdes aufnehmen und verwandeln kann und dabei das »Licht« der Erkenntnis verbreitet.

Das Leben ist eine Reise

Bei der konzeptuellen Daseinsmetapher – *das Leben ist eine Reise* – zeigt sich beispielsweise folgendes Metapherngeflecht:

- Schau, wie weit wir gekommen sind.
- Wir sind am Scheideweg.
- Wir müssen jetzt getrennte Wege gehen.
- Wir sitzen fest.
- Es war ein langer, steiniger Weg.
- Wir können nun nicht mehr umkehren.

Das metaphorische Bedeutungsfeld transportiert und öffnet immer mehr Aspekte, die als situativ erfasst werden können: Für den französischen Philosophen Paul Ricoeur sind Metaphern ein Gedicht – eine eigene kleine Erzählung, die eine handliche Darstellung eines komplexen Ereignisses liefert, ohne die Botschaft in allen Einzelheiten auszubuchstabieren. Jaques Derrida spricht ähnlich vom »Mehrwert der Sprache«: Die Metapher ist kein statischer Zustand, sondern immer ein innovativer.

Metaphern sind innovativ

Diese multifunktionale Dimensionalität metaphorischen Denkens wird damit erklärt, dass es links- und rechtshemisphärische Prozesse geradezu ideal integriert: die schnellen, gleichsam üppigen symbolischen und emotionalen Bilder mit den langsamen, rational geordneten Strukturen der Logik und der Sprache.

Der Kognitionsforscher Donald Davidson versteht metaphorische Prozesse als »Traumarbeit der Sprache«. Wenn man weiß, dass Träume übergeordnete, komplexe neue Wissens- und Erkenntnisstrukturen schaffen, gewinnen diese Beschreibungen des metaphorischen Denkens einen eigenen Erkenntnischarakter.

Metaphorische Bewusstseinssphären: Wenn der Geist unter Strom steht

Viele Literaten, Linguisten, Philosophen oder Wissenschaftler haben Zeugnis abgelegt, wie sehr sie die »Macht« der Metapher beeindruckte, wenn sie ihrer bewusst wurden. Für den Gehirnforscher William Calvin etwa lassen Metaphern das Bewusstein gleichsam in Flammen aufgehen: »Diese metaphorischen Bilder erzeugen schließlich ein ganz anderes Blickfeld, ein elektrisches Feld, das pulsiert und glüht.«

Andere Denker haben die Tiefen und Weiten metaphorischer Bedeutungsfelder in ebenso eindrücklichen Formulierungen dargestellt: Ähnlich wie der metaphorische Prozess für Karl Bühler zu einer neuen Bedeutungs-*Sphäre* führt, wenn sich die beiden Metaphern bildenden »Begriffssphären« überlagern, begreift der Psychologie Hans Hörmann die Metapher wie das kreative Denken als ein fruchtbares Zusammenbringen zweier »eigentlich« unvereinbarer Matrizen: »Man versteht sie plötzlich, wie man ein Rätsel versteht« – ein Phänomen, das der englische Linguist Richard Brown im Übrigen als *click of understanding* bezeichnet.

Übung

Alltagsmetaphern

1. *Suchen Sie selbst zehn beliebige Beispiele metaphorischer Formulierungen:*

____

____

____

____

____

____

____

____

2. *Machen Sie sich für die ersten drei Metaphern bewusst, welche Teile dabei »Ziel« (Z) und »Quelle« (Q) sind und welche Eigenschaften, Bedeutungen etc. übertragen werden:*

Metapher I:

Q ____________________ *Z* ____________________

Übertragene Bedeutungen:

____

____

____

Metapher II:

Q ____________________ *Z* ____________________

Übertragene Bedeutungen:

____

____

____

Metapher III:

Q ____________________ *Z* ____________________

Übertragene Bedeutungen:

____

____

____

Analysiert und reflektiert man konzeptuelle, unsere Weltanschauung und unser Weltbild immer unbewusst prägende Metaphern, wird deutlich, dass sie historisch dazu dienten, mit neuen Komplexitäten und unbekannten Umwelten umgehen zu können. Neue Metaphern schaffen neue Realitäten.

Internet-Metaphern

Um sich dies bewusst zu machen, kann man sich beispielsweise fragen, was einem das Internet bedeutet. Wenn es mehr als nichts ist, wird schnell deutlich, dass man unbewusst längst eine der kulturell geformten, gängigen Internet-Metaphern des *Surfens,* der *Daten-Autobahn* oder der *Bootsfahrt* verinnerlicht hat. Diese Metaphern sind notwendig, um die vollkommen neue Welt des World Wide *Web* überhaupt erst zugänglich zu machen.

Tatsächlich gehen die praktischen Implikationen wie bei allen metaphorischen Bedeutungsfeldern noch viel weiter und beziehen sich bei Internetmetaphern auf Menschenbilder, Gesellschaftskonzepte und Lebensformen: So betont Klaus Niedermayer, dass sich der empirische *Surfer* beispielsweise individuell als »freies Subjekt« versteht, der das »Internet« ganz zeitgeistgemäß als Erlebnis wahrnimmt und *Fun* oder Abenteuer sucht.

Zeit ist Geld

Am Beispiel der Zeit etwa weisen Lakoff und Johnson nach, dass die »Verwestlichung der Welt« in vielen Kulturen seit dem Mittelalter ohne die metaphorischen Konzepte *Zeit ist Geld* nicht möglich gewesen wäre. So wie jeder kulturelle Wandel dadurch entsteht, dass neue *innovative* metaphorische Weltbilder den Zeitgeist sowohl durchdringen wie von ihm geschaffen werden, fundierte auch dieses metaphorische Denken das konkrete Handeln: etwa Zeitarbeit einzuführen, zu bezahlen und in mechanischen Uhren zu messen.

Übung

Metaphern-Eisberge

Machen Sie sich nochmals das Eisberg-Modell der Metapher bewusst und finden Sie alltagssprachliche Formulierungen für die konzeptuellen Metaphern »Zeit ist Geld« und »Wissen ist Licht« – ohne bei den bereits erwähnten Beispielen nachzuschauen:

1. Zeit ist Geld

____

____

____

2. Wissen ist Licht

____

____

____

Das metaphorische Bewusstsein ist von existenzieller Bedeutung. Metaphern bestimmen unser Denken und unsere Sprache ebenso wie unser Handeln: In allen größeren und kleineren Angelegenheiten des Lebens strukturieren sie, was wir wahrnehmen, wie wir uns in der Welt verhalten oder unsere Beziehungen gestalten. Zeitgenossen, die im Alltag beispielsweise bekunden, »schon zu viel in diese Beziehung *investiert* zu haben«, sind sich meist nicht darüber im Klaren, dass sie diese Beziehung im Grunde ihres Herzens als ein *Geschäft* verstehen.

Metaphern bestimmen das Handeln

In metaphorischen Welten wie dem *Rosengarten* lieben wir, mit Metaphern fluchen und metaphorisch lachen wir: Der hinter- oder vordergründige Sinn jeden Fluchs bliebe uns ohne metaphorische Übersetzung ebenso verschlossen wie die Pointen aller guten oder weniger guten Witze.

Metaphorisches Denken, Wahrnehmen und Vorstellen ist die natürliche Verfassung unseres Geistes – und unserer Sprache.

Obwohl Metaphern für die Sprache und das Sprechen absolut grundlegend sind, darf man sie aber *nicht* als reine Sprachphänomene missverstehen. Ohne den gewaltigen, ozeanischen Metaphernvorrat der Sprache wären wir konzeptuell gleichsam hilflos wie ein Wal in der Wüste. Im Wesentlichen sind Metaphern allerdings weder bildlich noch sprachlich, sondern eine mehrdimensionale komplexe Denk- und Bewusstseinsmodalität: Das metaphorische Denken verbindet übergeordnet bildhaft-symbolische mit kognitiv-sprachlichen Dimensionen und öffnet sie unseren Gefühlen. Metaphern und metaphorische Bedeutungsfelder öffnen im unbekannten, unüberschaubaren Dschungel komplexer Phänomene unserem Denken neue Horizonte und unserem Handeln neue Wege.

Keine reinen Sprachphänomene

Dass wir aber den metaphorischen Wald im individuellen Alltag oder in der Wissenschaft vor allzu vielen Bäumen nicht erkennen, liegt vor allem daran, dass in unserer immer noch logik- und rationalitätslastigen Weltsicht die Metapher zu den prominentesten Opfern von Vorurteilen, Halbwahrheiten und Stereotypen zählt.

Missverständnis über Metaphern

Dabei scheint das Missverständnis weit verbreitet, Metaphern seien rhetorische Tricks, rein poetische Stilmittel oder flache Alltagsklischees: als »Schmuck« oder »anschauliche Rede« vielleicht nett und interessant, manchmal auflockernd – aber nicht wirklich wichtig. Um Erkenntnisse zu gewinnen und zu formulieren seien Metaphern jedenfalls ungeeignet.

Wie bei jedem geistlosen Klischee ist die Wirklichkeit etwas anderes. »Die Metapher«, betont etwa Gregory Bateson, »ist ein unentbehrliches Werkzeug des Denkens und Charakteristikum aller menschlichen Kommunikation«.

Auch für den Wissensforscher Marvin Minsky ist schon das gewöhnliche Denken eigentlich immer metaphorisches Denken. Ständig übertragen wir irgendwelche Gedanken oder Konzepte aus diesen und jenen Bereichen in andere: Wenn wir nach einer wirklich umfassenden Charakterisierung der Metapher fragen, so finden wir nichts Einheitliches, nur eine endlose Vielfalt von Prozessen und Strategien. Daher werden Metaphern in einer weiten Grauzone als gleich oder ähnlich mit Analogie, Symbol, Bild, Vergleich, Gleichnis, Chiffre, Allegorie oder Modell genannt.[4]

Tatsächlich sind die Übergänge fließend, wobei die meisten Forscher der Metapher eine übergeordnete Stellung zuordnen, da etwa Allegorien, Gleichnisse oder Modelle metaphorisch geschaffen oder durch metaphorisches Denken erschlossen werden. So weist Metaphernexperte Gerhard Kurz darauf hin, dass selbst in der Fachwelt nicht immer zwischen Symbol, Gleichnis, Allegorie oder Modell unterschieden wird. Die *übergeordnete* Stellung der Metapher legitimiert, viele symbolische, gleichnishafte, allegorische, modellhafte oder paradigmatische Denkprozesse als metaphorisch zu beschreiben und zu verstehen, wenn es um »Übertragungen« und das Verstehen neuer Phänomene geht.

Wie die vorangegangenen Erzählungen oder Märchen in diesem Buch gezeigt haben, sind auch die im Business mittlerweile groß in Mode gekommenen Geschichten immer metaphorisch: Die ganze Geschichte, ihre Botschaft, repräsentiert seit jeher eine »ausformulierte« Metapher, wobei die Erzählung metaphorische Elemente benutzt.

Eine bei amerikanischen Managern beliebte Story ist folgende Metapher, die die Mitarbeiter zur Persönlichkeitsentwicklung motivieren soll:

Hochseilakt

> Stell dir vor, dein Leben sei eine Reihe von Trapezschwüngen. Die meiste Zeit verbringst du damit, dich an der Trapezstange des jeweiligen Augenblicks festzuhalten. Das gibt dir das Gefühl, dein Leben unter Kontrolle zu halten.
> Ab und zu schaust du ein Stück vor dich und siehst eine andere Trapezstange, die dir entgegenkommt und deutlich deinen Namen trägt. Sie ist dein nächster Schritt, dein Wachstum, deine nächste Chance. Und immer wieder hoffst du, dass du die alte Stange nicht ganz loslassen musst, um die neue ergreifen zu können. Du hast die Angst daneben zu greifen. Und doch weiß die Stelle in dir, die solche Dinge weiß, dass du für einen Augenblick durch den Raum schleudern musst, ohne Garantie, ohne Rückversicherung, für eine Zeit des Übergangs, in dem das Vergangene schon vorbei, die Zukunft aber noch nicht gesichert ist. In diesem Übergang vollzieht sich die wahre Veränderung: Wir können keine neuen Ozeane entdecken, wenn wir nicht den Mut haben, die Küste aus den Augen zu verlieren.

Metaphorische Geschichten werden aber auch in anderen Lebenswelten erzählt:

Wolfs-Metapher

> Ich ging mir das hübsche kleine Wolfsrudel im Chicagoer Brookfield-Zoo anschauen, und zehn Wölfe lagen den ganzen Tag über da und schliefen, während der elfte, das männliche Leittier, emsig herumrannte und alles im Auge behielt.
> Nun haben Wölfe die Angewohnheit, nach der Jagd heimzukommen und das Gefressene wieder hervorzuwürgen, um es mit den Welpen zu teilen, die nicht mit zum Jagen waren. Und die Welpen können den Alten das Signal geben zu erbrechen. Schließlich aber entwöhnen die alten Wölfe die Kleinen von der erbrochenen Nahrung, indem sie ihnen die Fänge in den Nacken drücken. Beim Haushund entwöhnen die Hündinnen ihre Jungen irgendwann auf die

gleiche Art von der Milch. In Chicago erzählte man mir, dass es im Vorjahr einem der jungen Rüden gelungen war, ein Weibchen zu bespringen. Sofort stürmte der Leitrüde herbei – das Alphatier –, aber anstatt den Jungen in Stücke zu reißen, machte der Leitwolf nichts anderes, als dessen Kopf auf die gleiche Weise ein-, zwei-, viermal zu Boden zu drücken und sich dann zu trollen. Die Kommunikation, die stattgefunden hatte, hieß metaphorisch: »Du Welpe, du!«

(nach Gregory Bateson)

Metaphern sind keine Analogien

Analogien sind nicht metaphorisch

Man muss allerdings differenzieren und die Metapher vom reinen Symbol und besonders der Analogie abgrenzen, da Metaphern oft als Analogien missverstanden oder auf analoges Vergleichen reduziert werden. Während Metaphern immer analoge Strukturen aufweisen, sind reine Analogien nie metaphorisch. »Allen Metaphern liegt als kognitiver Mechanismus eine Art Vergleich von charakteristischen Merkmalen zugrunde«, resümiert Wissensforscher Paul Thagard, »der analoge Übereinstimmungen aufweisen kann, auch wenn Metaphern über Analogien hinausgehen, indem sie bildhafte Elemente miteinbeziehen, um eine offene Assoziationsatmosphäre herzustellen«.

Während eine reine Analogie strukturelle Gemeinsamkeiten ausdrückt, die auch ohne Formulierung einer Analogie erkannt werden können, schaffen Metaphern erst solche Gemeinsamkeiten und stimulieren dabei vor allem unsere bildhafte Fantasie und Kreativität.

Der große Unterschied zwischen Analogien und Metaphern wird deutlich, wenn man sich die Struktur des analogen Denkens bewusst macht, wie sie etwa in vielen Intelligenztests eine Rolle spielt: So sind Denkfiguren wie »Flügel verhält sich zu Vogel wie Ziffer zu Uhr« oder »Wärme zu Ofen wie Licht zu Lampe« rein analoge Vergleiche, die auf der Logik des strukturell Ähnlichen beruhen.

Die Metapher geht vor allem deswegen weit über eine formale Analogie hinaus, weil sie nicht dem statischen und logischen, sondern dem *prozesshaften Denken* des Werdens entspringt: Der französische Philosoph Paul Ricoeur macht deutlich, wie grundlegend dieser *dialektische* Bewegungscharakter für die Metapher ist: als »Bewegung von etwas auf etwas hin, das immer zu einem Qualitätswechsel und dem Umschlag von etwas bislang Verborgenem in ein nun Sichtbares führt«.

Metaphern sind prozesshaft

Obwohl also analoge, vergleichende Strukturen bei Metaphern eine wichtige Rolle spielen, kann ihre Bedeutung nie darauf beschränkt werden: »Wir ziehen Analogien«, meint der englische Metaphorologe Richard Lissack, »aber in Metaphern leben wir«: Reine Analogien öffnen im Gegensatz zum metaphorischen Bedeutungsfeld keine emotionalen Erlebnisfelder und verleihen unserer Fantasie und Kreativität keine Flügel.

Übung

Analogien und Metaphern

1. *Ergänzen Sie bei den folgenden Analogien wie im aufgeführten Beispiel das fehlende Wort:*

Beispiel
Mensch – *Arme*
Vogel – *(Flügel)*

(Arme verhalten sich genauso zum menschlichen Körper wie die Flügel zum Vogel)

Ofen – *Wärme*
Lampe – ___________

Sperling *Vogel*
Rose – ___________

Zeit – *Uhr*
Wärme – ___________

2. Suchen Sie selbst drei solcher Verhältnis-Analogien:

________________ – ________________

________________ – ________________

________________ – ________________

________________ – ________________

________________ – ________________

________________ – ________________

3. Bilden Sie Analogien, indem Sie folgende Sätze vollenden:

- Ich fühle mich gerade wie
- Mein Chef verhält sich wie
- Die TV-Sendung ist wie
- Dieser Brief ist wie
- Mein Problem erscheint mir wie
- Mein Partner verhält sich wie
- Der Mensch ist wie
- Die Welt ist wie

4. Andere Beispiele

- ____________________ wie ____________________
- ____________________ wie ____________________
- ____________________ wie ____________________
- ____________________ wie ____________________
- ____________________ wie ____________________
- ____________________ wie ____________________

5. *Streichen Sie jetzt einfach bei jeder Antwort das »Wie« !*
Was ändert sich dadurch? Bei welchen Beispielen haben Sie es nun mit einer Metapher zu tun?

Zwar basiert auch das symbolische Denken auf metaphorischen Prozessen; im Gegensatz zum reinen Symbol ist die Metapher allerdings praktisch nie rein bildlich, sondern gleichzeitig *sprachlich* und *kognitiv.*

Metaphern »sieht« man nicht

Metaphern darf man schließlich auch nicht als reine Sprach-*Bilder* missverstehen: Die metaphorischen Sprachbilder werden vom Hörer oder Leser nämlich so gut wie nie konkret bildhaft gedacht oder vorgestellt, sondern fördern und beflügeln das kreative Geschäft der Fantasie, des Denkens und Fühlens: Metaphern »bewirken keine Seh-Erlebnisse«, fand Harald Reger wie viele andere Metaphernforscher, »sondern Gefühls- und Gedankenerlebnisse«.

Wer sieht bei der Metapher *der Mensch ist ein Wolf* einen Wolf? Was sehen Sie, wenn jemand als *Wolf* bezeichnet wird? Wollte man im Alltag etwa die metaphorische Formulierung *Der Hafen der Ehe* oder *Der Vater im Himmel* zum wirklichen Bild ausmalen, wäre das ebenso absurd wie peinlich.

Den feinen Unterschied erklärt mit dem Werbefachmann George Lois ein Experte, der es aus jahrelanger Erfahrung besser weiß: »Das Wort Metaphorik wird allzu oft lediglich mit Bildern assoziiert, aber es umfasst mehr: Metaphorik ist die Verwandlung einer Idee in ein unauslöschliches Miniaturstück, eine Szene, in ein ikonographisches Sinnbild.«

Metaphern erlebt man

Für Hans-Georg Gadamer führt metaphorisches Denken auf einer höheren Stufe zu einem besonderen »Sehen-Als«: Metaphern schauen wir uns als vermeintliche Sprachbilder nicht einfach an, sondern in ihnen erleben wir unsere Welt. In der Metapher und in neuen metaphorischen Denk- und Sprachbildern blicken wir nicht konkret auf ein Bild, sondern das »Bild« motiviert unsere Kreativität und Fantasie genauso wie den Verstand und unsere Emotionalität – das metaphorische »Bild« ist gewissermaßen ein ganzer *Film*.

Die Quintessenz der modernen Metaphernforschung lautet:

> **Ohne Metaphern und metaphorisches Denken wären wir blind für die komplexen Sphären unserer Wirklichkeit. Metaphern sind zentrale *Sinnesorgane* für unsere gesamte soziale und geistige Welt: Sie integrieren die ganze Macht der Imagination, des kreativen, emotionalen und bildhaft-symbolischen Denkens mit der Kraft des Rationalen, des sprachlichen und logischen Denkens.**

Die Metapher übernimmt Funktionen der Weltorientierung dort, wo der Begriff oder das logische Denken nicht hinreicht; in aller Regel ist dies für alles Komplexe der Normalfall, auch im Business.

Metaphorisches Denken durchzieht alle Lebensbereiche

Die Allgegenwart von Metaphern zeigt nicht nur, dass metaphorisches Denken alle komplexen Bereiche unseres Lebens durchzieht und bestimmt. Sie verdeutlicht auch, dass und wie sehr der menschliche Geist in seiner gesamten Kulturgeschichte schon immer metaphorisch funktionieren musste, um sich in unübersichtlichen neuen Wirklichkeiten orientieren zu können.

Schon immer konnten wir die wichtigsten Fragen unserer Existenz nur metaphorisch beantworten: woher wir kommen, wer wir sind und wohin wir gehen. Zwischen Himmel und Hölle, utopischem Paradies und platonischer Urhöhle haben wir uns in der Welt seit jeher metaphorisch eingerichtet.

Das metaphorische Denken ist so grundlegend, dass es in der kulturellen Entwicklung des Menschen und seiner Ideen- und Geistesgeschichte gewissermaßen die Hauptrolle spielt: Für den Philosophen Vico ist die Metapher gar die »Mutter aller Welterkenntnis«.

Wie fundamental die metaphorische Dimension für unsere Existenz ist, bestätigen beispielsweise die Analysen des amerikanischen Psychologen und Bewusstseinsforschers Julian Jaynes: Evolutionär betrachtet, ist der metaphorische Prozess die wichtigste Fähigkeit unseres Geistes, da alle entwicklungsbildenden neuen Bewusstseinsmuster nur metaphorisch geschaffen werden – wie zum Beispiel die »Geburt des Ichs«.

Das Ich als Welt-Metapher

Was wir als subjektives Bewusstsein oder Ich verstehen, begreift Jaynes als eine späte Geburt der menschlichen Kultur. Er argumentiert, dass ein Ich-Bewusstsein weder evolutionär noch biologisch notwendig gewesen sei, sondern eine kulturelle Errungenschaft darstelle, die immer später als die Sprache entstand. »Um Kummer und Schmerz zu spüren oder ein Ritual abzuwickeln, brauchte man kein Bewusstsein.« Das subjektive Ich konnte sich vielmehr erst entwickeln, als die Sprache Analogien und Metaphern ermöglichte: »Das Ich-Bewusstsein ist ein Analogon zur realen Welt, das aus Metaphern gebildet wird«, definiert Jaynes.

Jaynes zeigt für die griechische Welt, dass *Psyche* – als Urbegriff unseres Sprach- und Kulturraumes, aus dem das abendländische Ich und Selbst-Bewusstsein hervorging – in der homerschen *Ilias* als wichtigstem kulturhistorischen Dokument der Anfänge der Antike ursprünglich nur ein unpersönliches »Atmen« oder eine Art Lebenssubstanz meinte: das Phänomen, dass das Gegenüber oder das erbeutete Tier atme oder blute. Seit dem fünften vorchristlichen Jahrhundert wachsen der *Psyche* aber in einem längeren Prozess »poetischer Metaphorisierungen, durch Gleichsetzung mit Behältnissen und Personen« allmählich räumliche und innere Verhaltensqualitäten zu – so kann die Psyche dem Opfer entrissen werden wie eine Trophäe, wenn man es mit der Speerspitze richtig trifft.

Die inneren Empfindungen von Veränderungen im Körperkreislauf und in den Muskeln als ein Ding zu behandeln, in das Mut oder Stärke hineingetan oder eingegeben werden kann, heißt einen immer in der Brust lokalisierten »Raum« zu erzeugen, so Jaynes, der sich »allmählich als einheitlicher Seelenraum mit seinem ›Ich-Analogon‹ entfaltet, den wir heute ›Bewusstseinsraum‹ nennen«.

Metaphorische Weltmodelle: Wissenschaft als »Metapherngestöber«

Metaphern sind für eine wirkliche Komplexitätskompetenz als multidimensionales Denken unverzichtbar: Sie kombinieren konkrete und abstrakte Aspekte ebenso wie Wahrnehmungen und Sprachliches, anschauliche und konzeptuelle Strukturen oder unbewusste mit bewussten Prozessen. Die Metapher ist ein *Go-between*. Alles Metaphorische verbindet und schafft neue Perspektiven und Horizonte für das Denken wie für das Handeln.

Die Macht der Metapher

Die faktische Macht der metaphorischen Denk- und Bewusstseinsmodalität wird auch im Business und der Wissenschaft überhaupt erst jenseits des Klischees erkennbar, dass Metaphern nur rhetorischer oder poetischer »Sprachschmuck« seien, auf den man letzten Endes auch verzichten könne. »Ohne Bilder, Analogien oder Metaphern wäre jeder Wissenschaftler blind für die Strukturen der Wirklichkeit«, resümierte der Wissenschaftsphilosoph Holm Tetens, was auch für die Ökonomie und das Management gilt:

> **Ohne metaphorisches Denken herrschte in den Kathedralen der großen Wissenschaften ebenso tiefe Nacht wie in den »Steuerzentralen« des Big Business.**

Physik

In der Physik beispielsweise *verdampfen* Schwarze Löcher, der elektrische Strom *fließt* oder *stößt auf Widerstand* und in der geheimnisvollen Welt der Quanten *schwappt die Energie umher wie Wellen im Meer*. Solche und Tausende anderer metaphorischer Sprach- und Denkbilder begründen das Fundament der Physik.

So ließ sich Einstein schon früh von einem metaphorischen Denkbild begeistern und inspirieren: Was geschähe, wenn er »auf einem Lichtstrahl reisen« würde? Als Heisenberg mit quantenphysikalischen Problemen nicht weiterkam, fuhr er an die Nordsee – um sich dort bei einem Strandspaziergang vor der *Wellen-Metaphorik* begeistern zu lassen, so dass er mit ihrer Hilfe seine Theorie formulieren konnte.

Wie die moderne Wissenschaftssoziologie zeigt, darf man alle großen Erkenntnisse in der Ideengeschichte – ob Einstein oder Edison, Darwin, Heisenberg, Newton oder Planck – niemals nur als reine Ergebnisse großer begrifflicher, »logischer« Gedanken verstehen: Ohne mächtige metaphorische Denkbilder wären sie niemals formuliert worden.[5]

Stringtheorie

So mag inhaltlich die Diskussion um die hochkomplexe Stringtheorie beispielhaft verdeutlichen, dass und wie sehr das metaphorische Denken unhintergehbare Grundlage für die vermeintlich völlig rationale und mathematisierte Physik ist. *Strings* oder *Superstrings* – gegenwärtig gibt es mindestens fünf verschiedene hochabstrakte mathematische Formeln, die das Innerste unseres Universums als zehndimensionales Gebilde beschreiben – sind dabei selbst metaphorische Konstrukte: *Saiten.* Das heißt, auf der schwierigen und selbst hochkomplexen Suche nach dem, was die Welt im Innersten zusammenhält, werden die Weltphysiker von einem metaphorischen Denken geleitet, das die Dimensionen unserer Welt als schwingende Saiten eines Musikinstrumentes versteht – und sie auch begrifflich so definiert.

Metaphorische Weltformel

Die Stringforscher sprechen ausnahmslos eine metaphorische Sprache, um ihre Formeln, die alles Wissen um die Materie in eine Gleichung bündeln soll, zu verstehen und verständlich zu machen: Strings sind so – je nachdem – etwa »Gartenschläuche«, meist aber winzige, eindimensionale Fäden, die unendliche Schwingungszustände annehmen können. Dabei entspricht jedes Masseteilchen in der Welt einer solchen Schwingung wie andere Eigenschaften, Masse oder elektrische Ladung beispielsweise.

Den metaphorischen Bedeutungsraum der Stringforscher formuliert etwa Paul Davies, Professor für Theoretische Physik, folgendermaßen: Strings und die Stringtheorie seien so zu verstehen, »wie die verschiedenen Obertöne jedem Musikinstrument eine ganz individuelle und zugleich charakteristische Klangfarbe« verleihen.

Auch der führende Kopf der neuen Elite der Weltphysiker, Edward Witten, kommuniziert wesentlich in Metaphern, wenn er seine mathematischen Modelle interpretiert und weitergeben möchte. Für ihn besteht unser Universum im Innersten aus vibrierenden, unvorstellbar kleinen Fäden oder Saiten, die in einem verschlungenen 10-dimensionalen Raum »vibrieren« – genauer: ihre Weltmusik spielen: »Die Klänge dieser Superstrings«, so die Überzeugung Wittens, »gestalten die Symphonie unseres Universums«.

Astronomie

Astronomen verständigen sich über mächtige metaphorische Denkbilder, wenn sie in die unendlichen Meere von Raum und Zeit und ihre Daten schauen. Das revolutionäre Neue: Es gibt eine geheimnisvolle kosmologische Konstante – eine Kraft des bildlichen *Nichts* –, die dazu führt, dass unser Weltraum mit seinem *Big Bang* nicht der einzige ist, sondern dass es unendlich viele Universen oder Multiversen geben könnte, was Astronomieprofessor Andrej Linde mit folgender Metapher formuliert: »Unser Universum ist nur eine Blase in einem gewaltigen kosmischen Schaum.«

Wie weit dieser metaphorische Einfluss reicht und in welchem Maß etwa Atomphysiker in ihrem Laboralltag von Metaphern und metaphorischem Denken abhängig sind, zeigte in jüngster Zeit die Wissenssoziologin Karin Knorr-Cetina: So beruhen nicht nur experimentelle Anordnungen und theoretische Reflexionen auf Metaphern, sondern die Atom- und Teilchenphysiker verleihen ihren Apparaten und Detektoren metaphorisch sogar moralische und menschliche Qualitäten, wenn sie sich so oder so verhielten, nicht kooperierten oder gar täuschten. Knorr-Cetina weist nach, dass dies keine nebensächlichen Marotten sind, sondern Hightechforscher ohne solche Vermenschlichung der wissenschaftlichen Methoden nicht forschen oder ihre Befunde nicht interpretieren könnten.

Für dieses Beispiel gilt wie für alle anderen auch: »Uneigentliches« metaphorisches Denken kann nie in eine rationale, eigentliche und objektive Sprache aufgelöst werden. Man kann eine Metapher oder ein metaphorisches Modell nicht durch einen reinen »bildfreien« Begriff ersetzen, sondern nur durch eine andere Metapher. Metaphernforscher Martin Buchholz stellt erfreut fest, wie sehr gerade Metapherngegner in der Wissenschaft regelmäßig den Beweis antreten, dass keine rein kategoriale Sprache das metaphorische »Sprachbild« und seine Wirklichkeit ersetzen oder hintergehen kann – wenn sie beispielsweise davon sprechen, wie sehr Metaphern das wissenschaftliche Tun »verdunkeln«.

Metapher – das verbotene Wort

Am prominenten Beispiel des Metapherngegners Thomas Hobbes wird deutlich, wie stark die Metapher in der Wissenschaftsgeschichte als »verbotenes Wort« (Michel Foucault) stigmatisiert wurde: »Die Vernunft ist der Schrittmacher, die Wissenschaft der Weg, und das Ziel ist das Wohl der Menschheit. Metaphern dagegen und unsinnige oder zweideutige Wörter gleichen den Irrlichtern. Wenn man sich von ihnen leiten lässt, wandelt man zwischen lauter Unsinn und endet bei Streit, Aufruhr und Ungehorsam.«

Metaphernforscher wie George Lakoff haben wiederholt analysiert, wie arrogant und anmaßend die Gralshüter vermeintlich objektiver Wissenschaftler bis heute mit der Metapher umgehen. Ein beliebtes Beispiel dafür, dass auch selbstdefinierte Metapherngegner gar nicht anders können, als sich und ihre Explikationen metaphorisch zu formulieren, gilt immer noch der Amerikaner Samuel Parker aus dem 17. Jahrhundert. »All die philosophischen Theorien, die nur in metaphorischen Begriffen ausgedrückt werden, stellen keine echten Wahrheiten dar, sondern sind nichts als Produkte der Imagination«, barmte der frühe Objektivist, um dann ungewollt metaphorisch zu erhellen, dass die metaphorischen Unwahrheiten »wie Puppen in ein paar glitzernde inhaltsleere Worte gekleidet« seien, wobei »ihre lüsternen und ausschweifenden Fantasien in das Bett der Vernunft kriechen und durch ihre außerehelichen Umarmungen nicht nur ihre Unkeuschheit beschmutzen,

> sondern den Verstand mit nichts als Wertlosigkeiten und abenteuerlichen Hirngespinsten schwängern, statt richtige Begriffe von den Dingen zu schaffen«.

Auch Wissenschaftler müssen metaphorisch denken; auch für sie gilt die Erkenntnis Nietzsches, dass man »jenen Trieb zur Metaphernbildung als Fundamentaltrieb des Menschen keinen Augenblick wegrechnen kann, weil man damit den Menschen selbst wegrechnen würde«.

Sozial- und Verhaltenswissenschaften

Die metaphorische Grundverfassung der Wissenschaft und ihrer komplexen Forschungswelten ist interdisziplinär und betrifft besonders die weichen Sozial- und Verhaltenswissenschaften: Die wenigsten Psychologen etwa sind sich bewusst, dass sie auf den mächtigen Schultern metaphorischer Weltbilder in ihren akademischen oder therapeutischen Alltag blicken. Dies gilt beispielsweise für den früheren Behavioristen, der den Menschen als Reiz-Reaktions-*Maschine* begriff – und sich nur innerhalb dieses metaphorischen Bedeutungsfeldes mit seinen Kollegen verständigen konnte –, wie für den modernen Kognitivisten, der seine Daten aufgrund von Hypothesen sammelt und in Theorien ordnet, denen zufolge der menschliche Geist wie ein informationsverarbeitender *Computer* funktioniert.

Noch üppiger blüht der Metapherngarten im Übrigen in der gesamten psychologischen Gedächtnisforschung. So sollen neben vielen anderen die Komplexitätsmetaphern *Computer, Hologramm, Netzwerk, Labyrinth, Wachstafel, (Film)Archiv, Webstuhl, Rauchglas, Warenhaus* oder *(Film-)Studio* die vielen Winkel unseres Palastes der Erinnerung erhellen. Ist unser Gedächtnis beispielsweise ein *Archiv,* in dem wir nur manchmal Schwierigkeiten haben, den *abgelegten Film* oder das *Bild* wiederzufinden? Oder schreibt und inszeniert unser Gedächtnissystem die gesuchten Szenen nicht jedesmal neu?

Psychotherapie und Medizin

Dass diese metaphorischen Grundlagen neben der wissenschaftlichen Forschung auch die psychotherapeutische oder medizinische Praxis in einem bisher ungeahnten Maße bestimmen, hat unter anderem der Mediziner und Psychoanalytiker Michael

Buchholz herausgearbeitet. In mehreren empirischen Analysen wies er nach, dass Metaphern die klinische Arbeit des Therapeuten dominieren und als das wichtigste Moment der komplexen Behandlungspraxis begriffen werden müssen, auch wenn bisher ihre Rolle weitgehend unbemerkt geblieben sei. So vollzieht sich eine therapeutische Behandlung genauso wesentlich als metapherngeleitete »Interaktion der Bilder«, wie eine psychotherapeutische Heilung oder Besserung davon abhängt, ob der Klient einen existenziellen *Metaphernwechsel* vollziehen kann und krank machende und wenig sinnvolle Lebensmetaphern durch konstruktive neue metaphorische Orientierungen ersetzt.

Metaphern in der Wissenschaft

Ob oder wie scharf die Wissenschaftler mit ihren metaphorischen Brillen den komplexen Forschungsgegenstand erkennen, ist zunächst weniger wichtig; entscheidend ist, dass sie auf die Sehhilfe des Denkens in Metaphern angewiesen sind. Letztlich sind alle Wissenschaften eher mehr als weniger metaphorisch strukturiert.

Gerade in der Wissenschaft wird deutlich, dass der Geist nur im metaphorischen Bedeutungsfeld gleichsam so unter Strom steht, dass er die vielfältigen kognitiven, emotionalen und bildlichen Dimensionen integrieren kann, ohne die komplexe Phänomene unzugänglich oder unverständlich und kreative Anpassungen unmöglich bleiben müssten.

Das Ideal der reinen, unvoreingenommenen und streng objektiven Wissenschaft jedenfalls löst sich in den Scheinwerfern der großen und kleinen Metaphern auf. So kann die häufig als »uneigentlich« missverstandene Metapher selbst weder durch eine eigentliche Sprache ersetzt noch rückgängig gemacht werden: Erst die Metapher schafft Neues und lässt erkennen, was ohne sie weder sichtbar noch denkbar wäre.

Übung

Alltagsmetaphern

1. *Nehmen Sie sich eine Zeitung, und notieren Sie für die unterschiedlichen Rubriken – von Politik über Sport und Wissenschaft bis zur Kultur – jeweils die beiden ersten Metaphern. Sie werden sie schneller finden, als Sie glauben, besonders wenn Sie den Wirtschaftsteil anschauen!*

2. *Versuchen Sie, diese Formulierungen durch eine rationale Sprache zu ersetzen, zum Beispiel »Lebensabend« durch »Alter«.*

3. *Ist Ihnen der Versuch in allen Fällen gelungen?*

4. *Vergleichen Sie: Ist die objektive Sprache präziser, inhaltsstärker und bedeutungsvoller als die metaphorische? Wie verhält es sich in umgekehrter Richtung?*

Bilanz

Metaphern sind keine einfachen Sprachbilder, sondern eine mehrdimensionale und komplexe Denk- und Bewusstseinsmodalität – rational und emotional, sprachlich und bildlich, kreativ und motivierend. Metaphern und metaphorische Bedeutungsfelder öffnen im unbekannten, unüberschaubaren Dschungel komplexer Phänomene unserem Denken neue Horizonte und unserem Handeln neue Wege: »Das erkenntnisstiftende Potenzial konzeptueller Metaphern«, beschreibt Michael Pielenz die Macht der Metapher, »öffnet sich der gesamten Bandbreite sprachlicher Praxis: Bei der Entwicklung wissenschaftlicher Theorien ebenso wie als Heurismus altäglicher Lebensorientierung«.

Viele Wissenschaftstheoretiker sind sich heute einig, dass die Metapher in der Wissenschaft neben ihrer paradigmatischen Funktion vor allem kreativ, heuristisch und innovativ wirkt, da sie unverstandene und undefinierte Komplexitäten dem Verständnis öffnet. »Wissenschaft ist wie Grog«, bemerkte Odo Marquard ebenso launig wie ernst: »Wasser darf, Zucker soll, Rum muss sein – analog: Formalisierung darf, Terminologie soll, Metaphorik muss sein«.

Dabei ist natürlich die Organisationsforschung keine Ausnahme – der betriebswirtschaftliche Grog ist sogar besonders stark. So bilanziert beispielsweise Karl Weick, dass es in der Organisationstheorie Metaphern in Hülle und Fülle gebe. Werfen wir einen Blick in das »Metapherngestöber« der Ökonomie und des Businessalltages.

Kathedrale, Gehirn oder Jazzkapelle: Metaphern für den Unternehmenswandel

Der Markt als Dschungel – das Unternehmen als Maschine

Metaphern in der Wirtschaft

In der Welt der Wirtschaft ermöglichen Metaphern für Alfred Kieser durch ihre Komplexität, ihre nachhaltige Wissensvermittlungstechnik und ihre Fähigkeit, neue Wissensspielräume aufzureißen, ein ebenso kreatives wie effektives Verständnis von Organisationen. Metaphern helfen dabei, alte Ordnungen aufzulösen und neue zu etablieren: »Mit Hilfe der Metapher erschließen wir geistiges Neuland«, erkannte der Organisationsforscher, »indem wir unserer Sicht der Wirklichkeit, unseren subjektiven Theorien, neue Elemente hinzufügen und alte herausnehmen«.

Auch Michael Lissacks lapidare Botschaft *»Metaphor matters!«* macht deutlich, dass es in komplexen Wirtschaftszeiten besonders auf das metaphorische Denken ankommt. Ähnlich sind auch die bahnbrechenden Schriften von Managementpapst Peter F. Drucker »metaphernsatt«. So spricht er unter anderem davon, dass die Firmen der Zukunft wie *Symphonieorchester* oder *Wettkampfmannschaften* strukturiert wären.

Zum Ökonomenkreis der »Metaphernbewunderer« zählt neben Karl Weick Chris Argyris: Der Altmeister der Organisationsentwicklung weiß, dass Metaphern »mehr sind als dekorative Redewendungen, weil sie in Wirklichkeit Wege öffnen, wie Situationen wahrgenommen, Phänomene geformt und Handlungsoptionen beschrieben werden«.

Unternehmen als lebendige Systeme

Wie sehr die Wirtschaft im Großen und Kleinen von metaphorischem Denken beherrscht wird, verdeutlicht beispielsweise auch folgende Erkenntnis von IT-Manager Jürgen Fuchs: »Wir brauchen für unsere Unternehmen Modelle, die nicht dem Militär, dem Preußischen Beamtentum, der Monarchie oder der Kirche entlehnt sind, sondern der lebendigen Natur – Unternehmen als lebendige Systeme!« Fuchs wirft metaphorische Blicke in die neue komplexe Arbeitswelt der globalisierten Organisationen. Ähnlich wie das Leben nicht Millionen von Jahre dadurch überstanden hat, dass es sich an starre Strukturen klammerte, müssten auch die Unternehmen funktionieren: sich als *Netzwerke* flexibel den Umweltbedingungen anpassen und lernen, den Wandel selbstorganisiert zu gestalten.

Man muss metaphorisch denken, um das komplexe Gefüge Unternehmen als »Modell« zu begreifen – gleich, ob man es als *Netzwerk* und *lernenden Organismus, Kaserne, Uhrwerk, Familie, Kathedrale, Orchester* oder in Hunderten und Tausenden anderer »Bilder« versteht.

Übung

Unternehmensmetaphern

1. Welche »Bilder« und Metaphern kennen Sie für Organisationen?

____

____

____

____

____

____

2. *War Ihnen bisher bewusst, dass es sich bei diesem Verständnis oder diesen Perspektiven um metaphorische Konzepte handelte?*

____

____

____

____

Kraftfelder Schaut man genauer hin, wirken solche metaphorisch inspirierten Perspektiven als »Kraftfelder« für ein kreatives Denken und Handeln im Management. Die komplexe Wirklichkeit von Organisationen und Unternehmen kann immer erst mit den in metaphorischen Denk- und Sprachbildern geöffneten Bedeutungsfelder »strategisch« behandelt werden.

Gareth Morgans acht Unternehmensmetaphern

Einen weithin akzeptierten paradigmatischen Überblick über die metaphorischen Dimensionen der Ökonomie formulierte der australische Organisationsforscher Gareth Morgan, der in den 80er-Jahren eine umfassende Bestandsaufnahme zum Thema vorlegte. Die acht großen Metaphernfelder der Organisationsforschung kann man im Wesentlichen so wiedergeben:

- *Maschinenmetapher:* Unternehmen werden als Maschinen verstanden, die mit militärischer Präzision und optimierten, effizienten Abläufen funktionieren.
- *Organismusmetapher:* Organisationen werden wie Organismen als offene Systeme verstanden, die mit ihrer Umwelt in dauerndem Austausch stehen.
- *Gehirnmetapher:* Unternehmen werden wie das Gehirn als selbstorganisierte »Informationsverarbeiter« verstanden, die beispielsweise »lernen« oder Entscheidungen treffen.

- *Kulturmetapher:* Unternehmen werden als »Eingeborenenstämme« verstanden, deren Alltagsleben von kollektiven Werten und Normen, Anschauungen, Praktiken und Ritualen bestimmt wird.
- *Politikmetapher:* Unternehmen werden mit der »(großen) Politik« verglichen, die um Macht und Kontrolle kämpft, wo Lobbys den Gang der Dinge zu beeinflussen suchen und Verträge ausgehandelt werden.
- *Gefängnismetapher:* Unternehmen gleichen (psychischen) Gefängnissen, die von selbst geschaffenen *(Gruppen-)*Zwängen – *Groupthink* – und (unbewussten) Ängsten geprägt werden.
- *Evolutions- oder Flussmetapher:* Unternehmen sind wie evolutionäre »Wesen«, sie entwickeln, verwandeln und transformieren sich.
- *Diktatur- und Herrschaftsmetapher:* Unternehmen sind wie Diktaturen oder Autokratien, die auf Herrschaft und Ausbeutung beruhen.

Maschinenmetapher

Aufgrund ihrer weiten Verbreitung sind vor allem die Maschinen- und Organismusmetaphern wichtig. Im Wesentlichen suggeriert das Maschinendenken, dass Organisationen in viele Einzelteile zerlegbar sind, die völlig kontrolliert werden können und es bei Problemen eine ideale Lösung oder Reparatur gibt.

Organismusmetapher

Das Denken in Organismusmetaphern dagegen impliziert »organische« innerbetriebliche Beziehungen, weiß um Gefühle und Motive der Mitarbeiter und integriert eine Umweltperspektive – Ploenzke-Vorstandsmitglied Jürgen Fuchs hat diesen paradigmatischen Metaphernwechsel in folgende »Erzählung« gekleidet:

> »Als Alternative zur üblichen Darstellung eines Unternehmens als komplizierte Maschinerie mit festen Regeln und formalisierten Kommunikationswegen kann man es sich auch als komplexen Organismus vorstellen. Als einen lebendigen Verbund von Zellen und Organen, die über ein Netzwerk von Nerven und Hormonen miteinander kommunizieren. Beim lebenden Organismus wird echte Arbeitsteilung praktiziert in einer echten ›Vertrauensorganisation‹.

Jedes Organ arbeitet im Vertrauen darauf, dass auch die anderen ›ihren Job tun‹. Kein Organ fühlt sich einem anderen überlegen, keines ist höher als das andere. Ob Herz, Lunge, Nieren, Augen, Gehirn oder die Haut: kein Organ kann ohne das andere existieren. Die einzelnen Organe haben auch kein Interesse, übermäßig zu wachsen – außer bei Krebs. Bei Störungen, Angriffen und Gefahren wird nicht erst ein Schuldiger gesucht, der gegen eine Regel verstoßen hat. Sondern über schnelle Regelkreise gesteuert, versuchen alle gemeinsam, das Problem zu lösen. Hier gibt es keinen obersten Befehlshaber, dem alle zu gehorchen haben, keine Bürokratie und keine Bürokraten. Netzwerke, Rückkopplungen und Selbstorganisation sind die Geheimnisse des dynamischen Gleichgewichtes in der Natur. So bleiben beispielsweise Körpertemperatur, Blutdruck und der Salzgehalt in den Zellen durch schnell wirkende Feedbacksysteme konstant.

Die lebenswichtigen Funktionen sind stark dezentralisiert in Organe, die weitgehend autonom arbeiten. Jedes Organ ist für sich eine Einheit, aber gleichzeitig auch Teil des gesamten Körpers, und das Ganze ist mehr als die Summe der Teile. Nach klassischer Organisationslehre gibt es sozusagen drei Hierarchieebenen: Zellen, Organe und den Organismus, eventuell noch eine vierte, den Vogel- oder Fischschwarm, sozusagen den Fleischverbund.

Das Unternehmen als lebendiger Organismus: Eine absurde Idee? Oder ein realistisches Bild, wie es in einem Unternehmen wirklich läuft? Spüren wir nicht das Immunsystem des Organismus, wenn ein Neuer kommt, wenn zwei Bereiche zusammengelegt werden?

Aktiviert der Organismus nicht alle Abwehrkräfte gegen Eindringlinge, bis sie entweder assimiliert, sinnvoll eingefügt oder wieder abgestoßen sind? Erkennen wir nicht immer mehr, wie die Selbstheilungskräfte des Körpers ›Unternehmen‹ durch Moderatoren, *Change Agents* oder Selbstorganisation aktiviert werden können? Homöopathie und Akupunktur statt Chirurgie und Amputation?«

(nach Jürgen Fuchs: *Das Märchenbuch für Manager*)

Wir wollen hier nicht auf die akademische Diskussion eingehen, die Morgans grundlegende Metaphernarbeit in der Organisationsforschung ausgelöst hat, beispielsweise die Frage, inwieweit in der Betriebswirtschaft und Organisationsforschung eine eigentliche, rein rationale und »metaphernfreie« Wissenschaftssprache überhaupt möglich ist. Entscheidend ist, dass auch Wirtschaftswissenschaftler und alle Praktiker metaphorisch denken müssen, um sich vom komplexen Gefüge Unternehmen überhaupt ein Bild machen zu können.

Übung

Metaphernfreie Wirtschaftssprache?

Machen Sie sich am Beispiel der Organisation nochmals den elementaren Unterschied zwischen der so genannten eigentlichen oder rationalen (Wissenschafts-)Sprache und der »uneigentlich-irrationalen« oder übertragenen, subjektiven Metaphernsprache klar:

Was ist eine Organisation?

Lexikalische Definition:
»Organisation ist zielgerichtete Ordnung bzw. Regelung von Aufgaben (Funktionen) und Tätigkeiten (Arbeitsvorgängen) in Sozialgebilden (Betrieben, Behörden, Verbänden, Parteien, Kirchen, Streitkräften u.a.). Ökonomische Organisation ist ein Gebilde, in dem verschiedene Personen miteinander interagieren, um individuelle und kollektive ökonomische Ziele zu erreichen.« (Meyers Lexikon)

Metaphorische Definition:
Wählen Sie einige beliebige Unternehmensmetaphern:

Ein Unternehmen ist ein/e
- *Maschine*
- *Organismus*
- *Netzwerk*
- *Orchester usw.*

1. *Vergleichen Sie, welche Darstellung dem komplexen Ganzen des Unternehmens besser gerecht wird:*

2. *Ist Frage 1 falsch gestellt?*

3. *Worin liegen die Vor- und Nachteile der metaphorischen Darstellung?*

Angemessen oder unangemessen

Die Organisationsforscher sind sich wie andere Wissenschaftler einig, dass es auch in der Ökonomie keine richtigen oder falschen Metaphern gibt, sondern sie je nach Komplexität der Problemstellung als wissenschaftliche Paradigmen oder Modelle angemessen oder unangemessen sind und mehr oder weniger sinnvolle metaphorische Denk- oder Handlungsperspektiven liefern. So mag es beispielsweise für McDonald's-Manager sinnvoll und angemessen erscheinen, ihren Businessalltag unter einer Maschinisten-Perspektive zu bewältigen; für die meisten ihrer Kollegen in anderen Unternehmen wird das wohl anders sein.

Metaphernanalyse: von guten und weniger guten Businessmetaphern

Licht und Schatten

Wir denken immer metaphorisch – selbst dann, wenn wir es bewusst zu vermeiden suchen. Dafür sorgt die metaphorische Grundstruktur der Sprache, die ihrerseits die metaphorischen Strukturen unseres Geistes widerspiegelt. So wie wir ohne Intelligenztraining intelligent denken und handeln oder uns ohne ausgefeiltes Sportprogramm bewegen können, sind wir auch ohne Metaphernschulung metaphorische Denker und Sprecher: Wir produzieren ständig Metaphern, unbemerkt – und vor allem unreflektiert.

Entwicklung einer Metaphernkultur

Aber gerade wenn es um die Bewältigung komplexer Zusammenhänge und grundlegender Metaphern geht, sollten wir eine reflektierte Metaphernkultur entwickeln. Die Dialektik des metaphorischen Denkens, dass jede Metapher einiges oder vieles erhellt, gleichzeitig aber anderes ausblendet, muss der kritischen Reflexion immer bewusst sein.

Eine Metaphernanalyse muss erkennen können, ob und wie Metaphern das jeweilige Denken, Lernen und Handeln fördern oder behindern – ob beim individuellen Lebensentwurf, dem Ehekrach oder der Reorganisation eines Unternehmens, in der Politik oder in den Wissenschaften.

Jede Analyse und Reflexion von Metaphern hat im Wesentlichen drei Ziele: Sich bewusst zu machen,

1. welche konzeptuelle(n) Metapher(n) dem Denken und Handeln zugrunde liegen,
2. was diese Metaphern erhellen und gleichzeitig *verdunkeln* und
3. welche *praktischen* Effekte sie hervorrufen.

Im zweiten Schritt geht es um die kognitiven und erkenntnisbezogenen Strukturen des metaphorischen Feldes, im dritten um ihre praktischen, beziehungs- und handlungsbezogenen Folgen. Eine Analyse und Reflexion metaphorischen Sprechens und Denkens kann allerdings nie dazu führen, die Metapher durch einen wissenschaftlichen »Begriff« zu ersetzen.

Mit welchen Metaphern leben wir?

Entscheidend ist nicht, *dass* wir uns über alle mehr oder weniger alltäglichen Dinge des Lebens und Managements in Metaphern verständigen. Wir können gar nicht anders, da metaphorisches Denken als Grundmodalität unser Bewusstsein ähnlich bestimmt, wie wir in Zeit- und Raumbezügen denken müssen. Wir müssen uns vielmehr bewusst machen, mit *welchen* Metaphern und in welchen metaphorischen Welten wir leben: Sind es eher inhaltsleere Klischees? Ist das Leben etwa nur ein Jo-Jo-Spiel: herauf und hinunter? Oder denken und handeln wir in einem differenzierten, vielschichtigen Metapherngewebe voll nuancierter Gedanken, Bilder und Wahrnehmungen?

Metaphernanalyse:

- **Klärung:**
  Welche Metapher(n) bestimmen
  – das Denken
  – das Handeln
  – die Unternehmenskultur?

- **Orientierung:**
  Wie fördern sie das Denken und Handeln?

- **Grenzen:**
  Was wird ausgeblendet?

- **Alternativen:**
  Welche andere(n) Metapher(n) wäre(n) möglich?

Janusköpfige Metaphern

Die Metapher ist janusköpfig: Metaphern spenden viel Licht – aber auch Schatten. So betont Kieser, dass nur eine gelungene Metapher die zahlreichen positiven Funktionen der Komplexitätsbewältigung im Business erfüllt: »Das Bild soll etwas deutlicher machen, wenn aber das Bild selbst undeutlich ausgedrückt ist und irreführt, so macht es die Sache dunkler, als sie es ohne Bild war.«

Ähnlich bekundet Organisations- und Komplexitätsforscher Brian Arthur von der Stanford Universität, dass strategisches Planen mit der Suche nach der geeigneten Metapher zu tun hat. Umgekehrt gehen schlechte Verfahrensweisen fast immer mit unpassenden Metaphern einher. Chris Argyris und Donald Schön sind überzeugt, dass militärische Metaphern viele alltägliche Probleme und Fehler im Management verursacht haben und weiterhin verursachen, beispielsweise überall da, wo das einschlägige metaphorische Denken und Sprechen – *Befehlskette, Frontlinien, ein Held sein* – Führungs- und Motivationsaufgaben durch »Zuckerbrot und Peitsche« zu bewältigen versucht.

Komplexität gestalten statt Unübersichtlichkeit kompensieren

Kieser bilanzierte jüngst in seiner umfassenden Analyse über Kommunikation im organisatorischen Wandel, dass Manager keine Mythen produzieren sollten – weder sich selbst gegenüber noch im Unternehmen –, um ihre Angst vor der wirklichen Komplexität und Unübersichtlichkeit zu kompensieren; vielmehr sollten sie Komplexität gestalten. Um diese Komplexität aber managen zu können, müssen sie vor allem in der Lage sein, »die im Unternehmen vorherrschenden, das organisatorische Lernen häufig behindernden Metaphern zu analysieren und neue Metaphern einzubringen, die effizientes Lernen in die Wege leiten können«.

So sollten sich Manager beispielsweise fragen, warum vor dem Hintergrund katastrophaler Firmenpleiten und eines mehrheitlichen Scheiterns des Unternehmenswandels in den 90er-Jahren eine Idee, die häufig als *Palast* konzipiert wurde, am Ende als *Zelt* endet, das vom rauhen Wind der wirklichen Globalisierung und des Strukturwandels weggefegt wird.

Ähnlich kritisch beginnt Rosabeth Kanter ihr neues Buch über Management in neuen Dimension mit folgender Frage: »Was haben Kleeblätter, Sinfonieorchester, Gazellen, Astronauten, Atome und Moleküle, virtuelle Netze, Rafting, Jazzbands, Diamanten oder Ameisenvölker gemeinsam?« Ihre Antwort: »Nicht viel.« So habe zwar die Suche nach herausragenden Leistungen von Führungskräften in Unternehmen eine entsprechende Suche nach Metaphern ausgelöst, manchmal bringe aber das Neue um des Neuen willen gar nichts.

Auch wenn der unbekannte Autor des folgenden Kommentars in den *VDI Nachrichten* sicher keine »Metaphernanalyse« leisten wollte, verdeutlicht der launige Beitrag, wie und welche unangemessenen metaphorischen Sprachbilder Manager oft verwenden:

»Der frühe Vogel frisst den Wurm«

»In den Zeiten der Globalisierung und des *Shareholder Value* sind Unternehmenslenker gefragt, die ihren Mitarbeitern und Aktionären die immer komplexere Firmenwelt erklären können. Das tun sie und greifen dabei gern zum starken Bild. So ein Duisburger Stahlbaron, der ›Licht am Ende des Tunnels‹ sah. Als seine Hütte trotzdem rote Zahlen zusammenkochte, war das Licht ›leider der entgegenkommende Zug gewesen, der uns überrollte‹. Sein Vorstandskollege aus Salzgitter verglich seine Firma mit einem ›Hai, der die lahmen Tanker umkreist und sich schnell und wendig Marktanteile erstreitet‹. Der Fischfreund wurde abgelöst.

Das Tanker-Beispiel wird sehr gern gequält, weil einerseits dieser Riesenpott ›unbeirrt durch die Dünung stampft‹, andererseits ›frühzeitiges Umsteuern erfordert, damit die Richtung stimmt‹. Leider mussten die Wirtschafts-Kapitäne, die diese Bilder zeichneten, kurz darauf von Bord gehen.

Bilder sind, wenn sie gut gewählt werden, aussagekräftiger als beispielsweise trockene Zahlen. Aber so wie der

Scherz an seiner Wiederholung stirbt, nützen sich auch Bilder ab, wenn sie allzu oft verwendet werden. Und hin und wieder kann es auch nicht schaden, sie zu überdenken. Der Chef, der sich mit dem Spruch ›Der frühe Vogel frisst den Wurm‹ als besonders cleveren Frühaufsteher sieht, vergisst, dass sein Erfolgsrezept aus der Sicht des Wurms nicht zieht. Der war vor dem Vogel aufgestanden.«

(VDI Nachrichten, 16.3.01)

Viele Manager scheitern offensichtlich vor den komplexen Herausforderungen der überall verkündeten neuen Zeit des Unternehmenswandels, weil es ihnen an einer komplexitätsfähigen Metaphern- und Kommunikationskultur mangelt. Sie verkünden zwar viel versprechende metaphorische Visionen als Leitbilder, handeln aber nicht danach: Sie sagen »Orchester« – das Unternehmen spielt aber keine Symphonie. Stattdessen läuft die alte Platte – auf der neuen Hightech-Anlage.

Metaphern müssen gelebt werden

So betonen Metaphernexperten in der Organisationsforschung wie Gareth Morgan oder Michael Lissack, dass es für die Praxis der Organisationsentwicklung gar nichts bringe, Metaphern gewissermaßen von oben herab nur rhetorisch implementieren zu wollen. Es müsse sich um gelebte Metaphern handeln, die sich im lebendigen Dialog und der alltäglichen Teamarbeit gewissermaßen selbst organisieren und verbreiten.

Resonanz erzeugen

Wenn man in der *Metaphoring*-Praxis jeweilige Denk- und Sprachbilder von außen einbringt, dann liegt es an den Teilnehmern, ihnen Sinn und Bedeutung zu verleihen. Morgan spricht beispielsweise wiederholt davon, dass Metaphern Resonanz erzeugen müssten: »Metaphern haben nur dann Einfluss, wenn sie bei fundamentalen Einsichten ›einen Akkord anschlagen‹ und ›nachhallen‹.« Man könne eine Metapher nicht dazu zwingen zu funktionieren. Da die Bedeutung jeder Metapher vom Interpreten geschaffen werde, müssten immer Resonanz und Authentizität vorhanden sein, um Energie und Engagement zu erzeugen.

Auch Senge spricht im Zusammenhang mit mentalen Modellen und Zukunftsbildern davon, dass diese in der Organisation gemeinsam freigelegt werden müssten, um echtes Engagement und wirkliche Teilnehmerschaft zu fördern: »Eine Führungskraft, die sich in dieser Disziplin übt«, so Senge, »lernt, dass auch eine noch so tief empfundene Vision kontraproduktiv wirkt, wenn sie lediglich von oben verordnet wird.«

Metaphern haben nur dann die gewünschte Wirkung, wenn sie Resonanz erzeugen und nicht von oben verordnet werden.

Ähnlich gibt Kieser den meisten Führungskräften das folgende kritische Denkbild mit auf ihren Weg in die Zukunft: »Gute Visionen zu kreieren ist eine Kunst, die nur wenige Manager beherrschen. Häufig scheitern Visionen aber nicht an Inhalten, sondern an der Gestaltung des Kommunikationsprozesses. Manager gehen fast immer davon aus, dass sie eine klare und deutliche Botschaft kommuniziert haben und diese wie ein Zauberspruch von selbst wirkt. Sieht man Visionen nicht hauptsächlich als PR-Maßnahme, sondern will durch sie wirklich etwas verändern, ist dies aber eine langwierige und mühsame Angelegenheit, bei der letztlich alle Mitarbeiter gefordert werden.«

Ein klassisches Beispiel einer praktischen Metaphernanalyse sei im Folgenden kurz dokumentiert, weil es Grundsätzliches erhellt. Der englische Ökonom Paul Bate diskutiert dabei eine Metapher, die Managementberater besonders für das *Change Management* und den Wandel der Unternehmenskultur empfehlen:

Firmen-Kathedralen

»Es gibt eine Geschichte, die Managementautoren zu erzählen nicht müde werden«, berichtet Bate. »Sie handelt von zwei Maurern, die während ihrer Arbeit am gleichen Bauvorhaben gefragt wurden, was sie da eigentlich machten. Der erste antwortete: ›Ich behaue Steine‹ und der zweite: ›Ich baue eine große Kathedrale‹. Mit dieser metaphorischen Anekdote verbinden sie den eindringlichen Rat an die Führungskräfte, die gleichen ehrgeizigen Hoffnungen zu hegen wie der zweite Maurer: Sie sollten in der Lage sein, die ›Mission‹ des Unternehmens zu artikulieren und sie auf eine Weise mitzuteilen, dass sie andere für höhere Ziele begeistern.«

Bate erfüllt diese Sache mit großem Unbehagen. Denn die Metapher dient nicht mehr als Erklärungs- oder Orientierungshilfe, sondern als ein Medium zur moralischen Überredung. Hier sollen die Vorzüge der Ideologie einer starken Unternehmenskultur propagiert werden.

Bate hält den Gedanken vom Unternehmen als *Kirche* äußerst fragwürdig, zumal Unternehmen mit starker Kultur wie IBM laufend Mitglieder ihrer Gemeinde wegen Rezession aussperren.

Bate entscheidet sich deshalb für den Maurer als Leitbild für die Führungskraft, für den einfachen Mann statt für den Erbauer einer Kathedrale. Denn Unternehmen sind keine *Kathedralen;* man betrachtet sie nicht staunend von außen, sondern man arbeitet in ihnen. Sie sind Arbeitsplätze und keine *Gebetsstätten.*

Übung

Metaphern-analyse

1. *Teilen Sie diese Kritik von Paul Bate? Wenn ja, warum? Wenn nein, warum nicht?*

____

____

____

2. *Welche andere »Corporate Vision« würden Sie vorziehen, um Ihre Mitarbeiter zu motivieren und zu begeistern?*

____

____

____

3. *Kann man die Mitarbeiter für die Unternehmensvision auch ohne Metaphern begeistern ?*

Bei der Metaphernanalyse und -reflexion kommt es entscheidend darauf an, sich bewusst zu werden, inwieweit Komplexitätsmetaphern das jeweilige »Systemfeld« dem Denken und Handeln öffnen – und inwieweit nicht. Metaphern sind nie einfach falsch, sondern nur mehr oder weniger angemessen.

Metaphorische Rhetorik statt Komplexitätsmanagement?

Übung

Teams aus »Firmensoldaten«?

Für Organisationsforscher wie Heinz Mandl verhält es sich mit der Teamarbeit ähnlich wie mit der sozialen Kompetenz: Während sich eine überwiegende Mehrheit der Manager und Führungskräfte selbst für sehr sozialkompetent hält, räumt ihnen dies aber nur eine Minderheit der Mitarbeiter ein. Es gibt sicher Unternehmen, in denen die kommunikative Kultur weiter entwickelt wurde als in anderen. Der Kulturwandel ist aber nicht mit rhetorischen Tricks, einem kurzfristigen Training oder einer neuen Technik zu erreichen. »Das Hauptproblem«, so Mandl, »bleibt die Einstellung, die man den Menschen gegenüber hat, was man ihnen zutraut«. Die Frage nach dem Menschenbild sei wesentlich und werde den Weg in die Zukunft bestimmen. Ähnlich kritisiert Sprenger, dass das mentale Modell der Maschine den Alltag unserer Organisationen und des Managements bestimme, dadurch nur das »Firmensoldatentum« fördere und die kreative Persönlichkeit zum »Störfall« degradiere.

1. Wie beurteilen Sie diese Aussagen?

2. Herrscht in Ihrem Unternehmen eine teamförderliche Kultur?

3. Welche Metaphern oder Menschenbilder gelten für Ihre Unternehmenskultur?

4. Welche Rolle spielen diese für die Team(un)fähigkeit?

Begreift man metaphorisches Denken als eine Art Sehhilfe oder handlungs(an)leitenden Kompass für unbekannte, neue Kontinente, wird der komplexe Gegenstand nur verschwommen erkannt werden können, wenn die metaphorischen Linsen – und das gesamte metaphorische Navigationsfeld mit seinen kognitiven, symbolhaften oder emotionalen Dimensionen – zu schwach oder zu stark eingestellt sind.

Die grundlegenden Licht- und Schattenseiten kann man am Beispiel der acht Metaphernparadigmen Morgans folgendermaßen zusammenfassen:

Organisations-Metapher	**beleuchtet**	**blendet aus**
Maschine	effiziente Abläufe Präzision Optimierung	Wandel Veränderung kreative Aufgaben »humanistische Perspektive«
Organismus	Organische Bedürfnisse ganzheitliche Perspektive Selbstorganisation Umweltbeziehung Organisationen als gedankliche Konstrukte	Konflikte
Gehirn	»Denken« Informationsverarbeitung Entscheidungen Lernen	Macht Kontrolle
Kultur	Werte Einstellungen Wahrnehmungen Rituale Bedeutungen	Macht Konflikte Ideologie
Politische Arena	Macht Interessen Konflikte Strategien Kontrolle	nicht-politische Prozesse »guter Wille« Vertrauen
Psychisches Gefängnis	Denkfallen »group think« (Gruppenzwänge) Angst unbewusste Motive	Gewollte Machtausübung materielle Ressourcen

Fluss und Transformation	Organisatorischer Wandel Selbstorganisation Prozesse Prognose von Entwicklungen	Denkzwänge Restriktionen
Herrschaft	Herrschaft Ausbeutung Arbeitsunfälle und -krankheiten Widerstand	unerwartete Entwicklungen »herrschaftsfreie« Formen der Organisation

Die metaphorischen Bilder der Organisation nach Gareth Morgan

Dabei muss man sich allerdings bewusst machen, dass es keinerlei Möglichkeit gibt, durch empirische Forschung herauszufinden, welches die »richtige Metapher« oder die »richtige Theorie« ist: In der Forschung ist man sich einig, dass jede paradigmatische »Theorie-Metapher« ganz spezifische Fragestellungen und Daten produziert, die nur im Rahmen der jeweiligen Theorie auf sinnvolle Weise interpretiert werden können.

Wie Argyris, Schön, Kieser und andere Wirtschaftswissenschaftler, Organisations- und Managementberater sind auch wir überzeugt, dass viele alltägliche Probleme und Fehler im Management in solchen metaphorisch geschaffenen Wirklichkeiten der jeweiligen »Unternehmenskulturen« begründet liegen: *Change Management* und *Cultural Change* sind letztlich so problematisch, weil viele Unternehmen und Manager bisher eine nur fragwürdige, randständige und praktisch immer unreflektierte Metaphernkultur entwickelt haben.

In diesem Zusammenhang wird die folgende wahre Geschichte zu einer Metapher ganz besonderer Art. Erzählt hat sie Peter Sloterdijk in der *Herbstschrift 1* vom Steirischen Herbst 1990:

Welt-Kreisel

»Zu berichten ist von einem Vorfall, der sich in einer westdeutschen Mittelstadt zu Beginn der 80er-Jahre wirklich zugetragen hat. Die Akteure der Geschichte sind einige tagsüber seriöse Herren, der Schauplatz ist ein nächtlicher Rummelplatz. Die Herren, unter denen man sich lokale Honoratioren wie Stadträte, Firmenchefs, Manager und Verwaltungsdirektoren vorstellen darf – insgesamt vielleicht ein halbes Dutzend Personen – verbringen nach einem gemeinsamen Besuch der Kirmes einen angeheiterten Abend in einem Restaurant in der Nähe des Festplatzes, wo sie sich einem der üblichen steuerbegünstigten Geschäftsessen widmen.

Mitternacht ist lange vorüber, als die inzwischen sehr animierte Gesellschaft das Lokal verlässt und beschließt, noch einmal über den verdunkelten und menschenleeren Rummelplatz zu schlendern. In einer Dunstwolke aus Gelächter und solidarischer Bewusstseinstrübung wandern die Männer zwischen den verschlossenen Buden und stillgelegten Fahrunternehmen hindurch, die Stimmung könnte besser nicht sein. Als die kleine Gesellschaft an dem Kettenkarussell vorbeikommt, hat einer der Herren die glänzende Idee, auf das Podium zu klettern und auf seinem Sitz Platz zu nehmen. Die übrigen Teilnehmer der Runde greifen die Idee sofort auf und stürzen sich auf die luftigen Sitze, die in der milden Nacht an ihren Ketten schaukeln. Keiner der Herren schließt sich aus, vielleicht weil Gruppeninstinkt, Alkohol und Geschäftsgeist in dieselbe Richtung wirken und dafür sorgen, dass Initiative belohnt wird. Inmitten der allgemein schaukelnden Fröhlichkeit hat einer von ihnen die glückliche Eingebung, sich an den Hebeln zu schaffen zu machen, die das Karussell in Bewegung setzen, und bevor sich einer recht besinnen kann, beginnt sich das Kettenkarussell wirklich zu drehen, fast lautlos, wenn man das Summen des Elektromotors und das Klirren der Ketten im Fahrtwind überhört. Die Sitze schwingen hoch nach draußen, vor vergnügtem Schreck schreien die Herren auf, so etwas hat man schon lange nicht mehr erlebt. Der Jubel dauert zehn Sekunden, zwanzig Sekunden, dreißig Sekunden vielleicht – je nach der

Vergnügungswilligkeit der Einzelnen und nach der Fähigkeit der Fahrgäste, die Situation zu analysieren. Spätestens nach einer Minute darf man annehmen, hat sich bei den Teilnehmern der fröhlichen Fahrt das eingestellt, was man eine ›gemeinsame Bestandsaufnahme der Lage‹ nennt. Während das Karussell sich schwungvoll dreht und die Sitze herumwirbeln, begreifen die munteren Herrschaften nach und nach, dass dieses Unternehmen kostspielig werden könnte. Die vergnügten Schreie verwandeln sich in Hilferufe. Das Karussell reagiert aber auf Zurufe nicht und dreht sich unerbittlich weiter. Passanten gibt es zu dieser Stunde in dieser Gegend keine mehr, sodass die hilflosen Passagiere mit steigendem Entsetzen anfangen zu begreifen, dass sie mit ihrem Problem allein sind. Das Karussell ließ sich wohl von seinen Fahrgästen aus der Ruheposition heraus starten, es lässt sich jedoch – einmal in Fahrt – von denselben Gästen nicht mehr anhalten. Aus diesen Bedingungen, die den Beteiligten zu spät deutlich wurden, ergibt sich als unerbittliche Konsequenz das, was nun folgt – jedoch wollen wir den Blick so lange abwenden, bis das grausame Spiel vorüber ist.

Am folgenden Morgen taucht ein Schausteller auf dem leeren Festplatz auf und nimmt zufällig das gespenstisch kreisende Karussell mit seiner Besatzung wahr. Durch eine Intervention von Polizei und Rettungsdienst werden die längst ohnmächtigen Karussellastronauten aus ihrer Lage befreit. Eine Reihe von ihnen war längere Zeit in psychiatrischer Behandlung, einer gab sein Geschäft auf und schloss sich einer tibetischen Sekte an; was aus den Übrigen wurde, ist nicht bekannt.«

Am Beispiel einiger beliebter aktueller Metaphern oder »Leitbilder« kann man in einer umfassenden Metaphernanalyse klären, wie sehr das immer metaphorisch formulierte »Netzwerk- und Familien«-Denken auch das wirkliche Handeln befruchtet. Spielen die betrieblichen *Jazz-Kapellen* eine ihr Markt-Publikum begeisternde Produktionsmusik? Ist der Manager als *Coach* teamfähig? Und schafft der *Bergführer* den Gipfel mit seiner verschworenen *Seilschaft?* Knüpfen auf dem Unternehmensschiff die Fischer der Belegschaft hochseetaugliche Netze? Wie gesund ist die *Unternehmensfamilie?*

Übung

»Maschinisten« versus »Organisten«

1. Formulieren Sie die wichtigsten praktischen Bedeutungen für den betrieblichen Alltag der

- *Maschinenmetapher(n)*

____

____

____

____

- *Organismusmetapher(n)*

____

____

____

____

2. Welche Grenzen haben diese metaphorischen Denkbilder?

- *Maschinenmetaphern*

____

____

____

- *Organismusmetaphern*

___

___

___

3. *Schauen Sie nochmals in die Tabelle S. 100f. und bestimmen Sie für drei Unternehmensmetaphern, was sie jeweils beleuchten und ausblenden:*

- *Metapher I: Das Unternehmen ist* ____________________

beleuchtet

___

___

___

blendet aus

___

___

___

- *Metapher II: Das Unternehmen ist* ____________________

beleuchtet

___

___

___

blendet aus

Metapher III: Das Unternehmen ist ____________________

beleuchtet

---

blendet aus

Die Maschinen-metapher

Am wirtschafts- und wissenschaftshistorischen Beispiel der Metaphern von Menschen und Unternehmen als Maschinen wird besonders deutlich, wie eng die Grenzen metaphorischer Welt- und Denkbilder sein können. In den vielen Jahrzehnten, in denen die Verhaltenspsychologen und viele andere Verhaltensforscher in Wirtschaft oder Pädagogik den Menschen nach dem maschinellen Reiz-Reaktionsschema verstanden, erforschten und behandelten, »sah« man kaum noch andere Möglichkeiten.

Dabei war auch das *Maschinen*-Modell in der Wirtschaft – ebenso wie die *Unternehmensfamilie, -kaserne* oder *-kirche* – nicht einfach nur falsch: Angesichts der tatsächlichen Vielfalt menschlicher Denk- und Verhaltensmöglichkeiten erfasste es aber nur einen kleinen Teil, den es für das Ganze hielt. Andererseits zeigt gerade der Taylorismus als praktisch ausgereiztes Sprach- und vor allem »Denkbild« die faktische Macht der Metapher: ohne metaphorische Paradigmen und Modelle kein Menschenbild und keine organisationale Praxis.

Metaphern in der Politik

Metaphernanalysen haben immer auch eine ideologische und mittel- wie unmittelbare politische Dimension. So betont beispielsweise Debatin, dass gerade in der modernen Gesellschaft mit ihrer durch Werbestrategien geprägten Medienöffentlichkeit und ihrer massenkommunikativ vermittelten Politik eine *kritische politische Metaphorologie* unabdingbar sei. Dabei greifen aber nicht nur Politiker mit Vorliebe zu euphemistischen und emotiven, mit Freund/Feind-Kategorien operierenden Metaphern, um sich zu legitimieren und zu manipulieren, sondern beispielsweise auch die Werbung oder Manager. Dies bedeutet für die Metaphernanalyse:

> **Man muss sich der jeweils implizierten, artikulierten und suggerierten Ziele, Werte und Normen der Metaphern bewusst werden.**

So waren die grausamsten Verbrechen im 20. Jahrhundert nur möglich, weil die Täter das Menschsein der Opfer leugneten; ohne metaphorisches Denken wäre das unmöglich gewesen: Juden als *Ungeziefer, Parasiten* und *Krebsgeschwür* waren die metaphorische Grundlage des Holocaust.

Polit-Verführer

Die Metaphorik des *Schiffs* spielt vor allem in Krisenzeiten eine wichtige Rolle: Die Sprach- und Denkbilder des *Wir-sitzen-alle-im-selben-Boot* beschwören in Wirtschaft oder Politik Ordnung, Autorität und Einheit gegen die Gefahr des Untergangs. Die Schiffsmetaphorik entwirft den Staat als eine hierarchische Ordnung, in der jedem ein fester Platz zugewiesen ist – wobei Entscheidungen durch Diskussion und Konsens »eher ausgeschlossen« sind.

In ähnlichem Sinne tendieren auch die »biologistischen Metaphern« vom Staat als *Organismus* oder *Körper* dazu, die menschlichen Freiheiten zu negieren: Politische Verhältnisse und poltisches Handeln werden dabei als determinierte, unabänderliche Naturprozesse dargestellt.

Da Metaphern nicht nur in der Politik manipulieren, verschleiern und suggestiv emotionalisieren können, sollten wir bewusst darauf achten und kritisch reflektieren, welches Modell die jeweiligen Metaphern nicht nur vom Staat entwerfen – ein autoritäres oder ein demokratisches? –, sondern auch vom Wirtschaftsleben: Wie viel Freiheit räumen die Unternehmensmetaphern dem Menschen ein? Welche Einstellungen gegenüber dem anderen werden erzeugt?

Der Geist *und* die Wirklichkeit aller komplexen Systeme sind metaphorisch. Wie Goethe die Wahrheit als ein »Juwel mit vielen Facetten« verstand, ist das metaphorische Denken in komplexen Wirtschaftszeiten gewissermaßen der Rohdiamant einer zukunftsfähigen Neuen Rationalität im Management, der sehr viel nuancierter geschliffen werden könnte.

Metaphernpluralität

Neben einer bewussten Metaphernanalyse und -reflexion wird daher die bewusste Kultivierung einer *Metaphernpluralität* wichtigste Grundlage eines komplexitätsfähigen, metaphorisch begründeten neuen Erfolgsdenkens im Business. »Wer nur einen Hammer hat«, bemerkte der Psychologe Abraham Maslow, »für den beginnt alles in der Welt wie ein Nagel auszusehen«.

Zu den kraftvollsten metaphernpluralen Erzählungen zählt sicher die salomonische »Ringparabel« aus Lessings *Nathan:*

Ringparabel

Ringparabel: »Nicht die Kinder bloß speist man mit Märchen ab« erkennt der weise Nathan, als ihm die Ringmetapher als Antwort auf die unlösbare Frage erscheint, welche der drei großen Religionen nun die wahre und einzige sei.

NATHAN:
Vor grauen Jahren lebt' ein Mann in Osten,
Der einen Ring von unschätzbarem Wert
Aus lieber Hand besaß. Der Stein war ein
Opal, der hundert schöne Farben spielte,
Und hatte die geheime Kraft, vor Gott
Und Menschen angenehm zu machen, wer
In dieser Zuversicht ihn trug. Was Wunder,
Dass ihn der Mann in Osten darum nie
Vom Finger ließ; und die Verfügung traf,
Auf ewig ihn bei seinem Hause zu
Erhalten? Nämlich so. Er ließ den Ring
Von seinen Söhnen dem geliebtesten;
Und setzte fest, dass dieser wiederum
Den Ring von seinen Söhnen dem vermache,
Der ihm der liebste sei; und stets der liebste,
Ohn Ansehn der Geburt, in Kraft allein
Des Rings, das Haupt, der Fürst des Hauses werde. –
...
So kam nun dieser Ring, von Sohn zu Sohn,
Auf einen Vater endlich von drei Söhnen;
Die alle drei ihm gleich gehorsam waren,
Die alle drei er folglich gleich zu lieben
Sich nicht entbrechen konnte. Nur von Zeit
Zu Zeit schien ihm bald der, bald dieser, bald
Der dritte, – sowie jeder sich mit ihm
Allein befand, und sein ergießend Herz
Die andern zwei nicht teilten, – würdiger
Des Ringes; den er denn auch einem jeden
Die fromme Schwachheit hatte, zu versprechen.
Das ging nun so, solang es ging. – Allein
Es kam zum Sterben, und der gute Vater
Kömmt in Verlegenheit. Es schmerzt ihn, zwei
Von seinen Söhnen, die sich auf sein Wort
Verlassen, so zu kränken. – Was zu tun? –
Er sendet in geheim zu einem Künstler,
Bei dem er, nach dem Muster seines Ringes,
Zwei andere bestellt, und weder Kosten
Noch Mühe sparen heißt, sie jenem gleich,
Vollkommen gleich zu machen. Das gelingt

Dem Künstler. Da er ihm die Ringe bringt,
Kann selbst der Vater seinen Musterring
Nicht unterscheiden. Froh und freudig ruft
Er seine Söhne, jeden insbesondre;
Gibt jedem insbesondre seinen Segen, –
Und seinen Ring, – und stirbt.

Ich bin zu Ende.
Denn was noch folgt, versteht sich ja von selbst. –
Kaum war der Vater tot, so kömmt ein jeder
Mit seinem Ring, und jeder will der Fürst
Des Hauses sein. Man untersucht, man zankt,
Man klagt. Umsonst; der rechte Ring war nicht
Erweislich; – *(nach einer Pause, in welcher er des Sultans Antwort erwartet)*
Fast so unerweislich, als
Uns itzt – der rechte Glaube.

Metaphernpluralität: komplexe Vielfalt statt mechanistischer Einfalt

Das Metaphernpentagramm

War der maslowsche »Hammer« im Sinne der Maschinenmetapher schon für die überkommene Welt des mechanistischen Zeitalters etwas einfach, so brauchen wir für die Bewältigung unserer hochkomplexen Wirklichkeit andere Werk- und sehr vielfältigere »Denkzeuge«.

Beispielsweise charakterisiert Ralph Stacey einen der elementaren Unterschiede zwischen dem überkommenen vorkomplexen Management und dem heutigen, dass man früher für die meisten Situationen »einige allgemeine Prinzipien« verwendete, während heute praktisch jede Situation ein »neues mentales Modell« erfordert.

Vielfältige Zugänge zur Wirklichkeit

Auch Alfred Kieser weiß, wie wertvoll eine metaphernbasierte Perspektivenvielfalt ist: Man müsse mehrere Metaphern heranziehen, um Organisationen von mehreren Blickwinkeln aus zu betrachten – nur so könne man einen vielschichtigen Überblick erhalten.

»Immer wieder betont die Literatur«, bilanziert Kieser die Verhältnisse, »dass der Verdienst von Metaphern darin liegt, verschiedene Zugänge zur Wirklichkeit anzubieten«. Durch die Vielfalt der Bilder wird vor allem klar, dass es den einen *einzig* richtigen Weg, um Organisationen zu konstruieren und zu verstehen, nicht geben kann – obwohl oder weil er als Mythos in mechanistischen Weltbildern existiert.

Wenn man erkennt, dass es immer verschiedene Metaphern sind, die darüber entscheiden, wie Organisation und Führung wahrgenommen werden und was als adäquat angesehen wird, kann man die stets komplexen, vieldeutigen und paradoxen Management- und Organisationsprobleme nur metaphernplural verstehen und lösen.

Ein genauerer Blick zeigt dabei zudem, dass die sich häufig unversöhnlich gegenüberstehenden Vertreter verschiedener Schulen einen metaphorisch bestimmten und eingeengten Blick haben – und auf der Grundlage ihrer einseitigen Metaphern in den »Kampfarenen rivalisierender Sinnwelten« (Eva Novotny) agieren. Was in vielen Sonntagsreden gefordert wird – Interdisziplinarität etwa oder Ganzheitlichkeit –, ist nur durch eine bewusst entwickelte Metaphernpluralität zu realisieren: Ganzheitlichkeit lässt sich nur durch ein inter-paradigmatisches oder inter-metaphorisches Denken herstellen.[6]

Wie komplex und umfassend eine solche plurale Metaphernkultur wirklich ist oder sein müsste, hat Paul Bate in der Welt der Wirtschaft bisher wohl am intelligentesten für den Organisationswandel gezeigt – seine perspektivischen Analysen sind strukturell auch für andere komplexe Bereiche beispielhaft. Im Wesentlichen geht es um das so genannte »Kulturfünfeck« – gewissermaßen das metaphorische Pentagramm –, das aus den fünf Dimensionen Ideen (ästhetisch), Sinn (politisch), Standards (ethisch), Praktiken (handelnd) und Strukturen (formbildend) besteht. Inhaltlich geht es, grob skizziert, um Folgendes:

Die 5 Dimensionen des Metaphern-Pentagramms

Dimension 1: Kultur als Ideen (neue Sinninhalte)
Die Führungskraft hilft beim Schaffen, Formulieren und Kommunizieren einer neuen Idee oder eines neuen Denkens. Schlüsselmetapher: Führungskraft als *Künstler* (und *Rebell, Abenteurer, Utopist, Hofnarr, Erfinder, Zauberkünstler*)

Dimension 2: Kultur als Sinn (neue Politik und Interaktionen)
Die Führungskraft hilft, diese Ideen in ein Corpus von sozial vereinbarten Sinninhalten festzuschreiben, sie in das bestehende Koordinatensystem einzufügen oder dieses zu ersetzen. Schlüsselmetaphern: Führungskraft als Bedeutung schaffender *Geschichtenerzähler, Romancier* und *Klatschmaul, verhandelnder Fürsprecher, Pfadfinder* oder *Mittler*.

Dimension 3: Kultur als Lernen (ethisches, bewusstes Lernen)
Die Führungskraft hilft, einen Rahmen moralischer Standards, die den Ausdruck und die Entwicklung dieser Sinninhalte und Gedanken regulieren, zu entwickeln und anderen zu vermitteln. Schlüsselmetaphern: Führungskraft als *Trainer, Mentor* oder *Lehrer*.

Dimension 4: Kultur als Praxis (konkretes Handeln)
Die Führungskraft trägt dazu bei, dass vereinbarte Kulturinhalte in konkrete Kulturpraktiken umgewandelt werden – und umgekehrt. Schlüsselmetaphern: Führungskraft als *Verkäufer, Verfechter, Anhänger der »offiziellen« Linie* und als *Späher, Entdecker, Reporter, Ausführer.*

Dimension 5: Kultur als Form (Strukturen schaffen)
Die Führungskraft fördert die Strukturierung dieser Inhalte und Praktiken zu einem Grundprinzip. Schlüsselmetaphern: Führungskraft als *Architekt, Konstrukteur, Baumeister, Maurer, Bildhauer.*

Das Kulturfünfeck ist betont elastisch: »der Schwerpunkt ist ein äußerst beweglicher Punkt«, wie Bate betont. Aber auch hier gilt die grundlegende komplexitätsbewältigende Logik der Metapher des integrierenden Sowohl-als-auch:

> **Um einen Kulturwandel gestalten zu können, müssen Führungskräfte alle fünf Dimensionen metaphorisieren, integrieren und kommunizieren können, da jede einen speziellen und immer unverzichtbaren Beitrag zum Gesamtprozess liefert.**

Der Architekt Es würde zu weit führen – und ein eigenes Buch füllen –, das intelligente Metaphernpentagramm von Bate für den Unternehmenswandel detaillierter darstellen zu wollen. Das beliebige Beispiel der metaphorischen Rolle des *Architekten* mag Wesentliches verdeutlichen, da der »Wandel – oder das Umbauen – eines Unternehmens Parallelen zur anspruchsvollen und möglicherweise edelsten der bildenden Künste, der Architektur, zeigt«, so Bate. Das Geschick von Unternehmensführern liegt in ihrer Fähigkeit begründet, sich ein neue Wirklichkeit vorzustellen und die Übersetzung dieser Vorstellungen in konkrete Gegebenheiten zu fördern: »Hier verbinden sich kreative Visionen mit dem Aufbauen von Ereignissen, Stock um Stockwerk, vom Fundament bis zum vollständigen Gebäude. Produktiver Wandel entsteht zum Teil durch künstlerischen Entwurf, zum Teil durch das Management am Bau.«

Nun könnte man kritisieren, dass dies alles zwar schön ausgedacht, aber praktisch nicht umsetzbar sei: *Den* komplexitätsfähigen Alleskönner gibt es nirgendwo, auch nicht im Top-Management. Allerdings sind die Aufgaben des zu managenden Unternehmenswandels nicht mit der Lösung der Fragen eines Intelligenztestes vergleichbar, die man am Schreibtisch bewältigt, sondern es geht darum, (unternehmens-)kulturell zu denken und zu handeln: Führung ist keine Sache einer Person, sondern selbst ein System. Der John-Wayne-Typ hat keinerlei Zukunft mehr, bemerkt Bate, »wir brauchen vielmehr einen Wandel im Verständnis von Führung, die man als ein das gesamte Unternehmensnetz oder -system durchgreifendes kooperatives, gemeinschaftliches Unterfangen begreifen sollte«. Man vergisst dabei, dass Manager in den beschriebenen fünf Dimensionen praktisch handeln. Und wer den allseits schlüssel- und metaqualifizierten Mitarbeiter fordert, der darf auch selbst ein gutes Beispiel sein.

Kulturell denken ≠ Nachdenken über Kultur Kulturell zu denken ist nach Bate eine gänzlich andere Ausrichtung als ein Nachdenken über Kultur. Man dürfe Kultur nicht zu einem Objekt oder einer Sache verdinglichen. Kultur als Metapher oder Paradigma zu verstehen, offenbare dagegen die »menschliche und symbolische Struktur der Organisation« – Eigenschaften, die das bloß faktische, vermeintlich objektive Denken über Kultur leicht übersehe oder missdeute. Dies wird auch in folgender Geschichte über Glanz und Verfall eines mitteleuropäischen Stammes deutlich:

Organisierte Lebens(un)kultur

> Vor langer Zeit lebten in dem Ort Swabeedo kleine Leute. Sie wurden die Swabeedoler genannt, waren sehr glücklich und liefen den ganzen Tag mit einem fröhlichen Lächeln umher. Wenn sie sich begrüßten, überreichten sie sich gegenseitig kleine, warme Pelzchen, von denen jeder immer genug hatte, weil er, nachdem er einige verschenkt hatte, sofort wieder welche geschenkt bekam.
>
> Ein warmes Pelzchen zu verschenken bedeutete für diese Menschen: *Ich mag dich.* So zeigten sie, dass jeder jeden mochte. Und das machte sie den ganzen Tag froh. Außerhalb des Ortes lebte, ganz einsam in einer Höhle, ein Kobold. Wenn ein Swaabedoler ihm ein Pelzchen schenken wollte, lehnte er ab, denn er fand es albern, sich Pelzchen zu schenken.
>
> Eines Tages traf der Kobold einen Swabeedoler im Dorf, der ihn sofort ansprach: »War heute nicht ein schöner, sonniger Tag?« Und der Mann reichte ein besonders weiches Pelzchen. Der Kobold schaute in den Rucksack mit den Pelzchen. Dann legte er dem Swabeedoler den Arm vertraulich um die Schulter und flüsterte ihm zu: »Nimm dich in Acht. Du hast nur 207 Pelzchen. Wenn du diese weiterhin so großzügig verschenkst, hast du bald keine mehr.« Das war natürlich vollkommen falsch gerechnet, denn ein Swabeedoler hatte, da jeder jedem welche schenkte, immer genug davon.
>
> Doch kaum hatte der Kobold den verdutzten kleinen Mann stehen lassen, kam schon sein Freund vorbei und schenkte ihm wie immer ein Pelzchen. Doch der Beschenkte reagierte nicht wie bisher. Er packte das Pelzchen ein und sagte zu seinem Kollegen: »Lieber Freund, ich will dir einen Rat geben: Verschenke deine Pelze nicht so großzügig, sie könnten dir ausgehen.«
>
> Bald gaben sich immer öfter Swabeedoler diesen Rat. So kam es, dass Pelzchen nur noch an allerbeste Freunde verschenkt wurden. Jeder hütete seinen Pelzrucksack wie einen Schatz. Sie wurden zu Hause eingeschlossen, und wer

so leichtsinnig war, damit über die Straße zu gehen, musste damit rechnen, überfallen und beraubt zu werden. Die kleinen Leute von Swabeedo veränderten sich immer stärker. Sie lächelten nicht mehr und begrüßten sich kaum noch. Keine Freude kam mehr in ihre traurigen und misstrauischen Herzen.

Erst nach langer Zeit begannen einige Leute erneut, sich wie früher kleine, warme Pelzchen zu schenken. Sie merkten bald wieder, dass ihnen die Pelzchen nicht ausgingen und dass sich Beschenkte und Schenkende darüber freuten. In ihren Herzen wurde es wieder warm und sie konnten wieder lächeln, obwohl die Traurigkeit und das Misstrauen nie mehr ganz daraus verschwanden.

Kultur lässt sich für Bate managen und verändern. Mit »einem großen Aber« betont er allerdings, dass dies nur dann funktioniere, »wenn wir bereit sind, die Komplexitäten offen anzugehen und die schwierige Aufgabe zu bewältigen, kulturell über Strategien nachzudenken und strategisch über Kultur nachzudenken«.

Governance through Metaphors

Komplexe Probleme mit Metaphern managen

Ein zweites exzellentes Beispiel, wie eine solche komplexitätsfähige plurale Metaphernkultur für Wirtschaft und Politik beschaffen sein müsste, stammt von Anthony Judge von der *Union of International Associations (UIA)*. Die differenzierten Analysen des Direktors für Forschung und Kommunikation der UIA, des weltweiten Dachverbandes von 40 000 Nonprofit-Organisationen, wie man komplexe wirtschaftliche Probleme mit metaphorischen Konzepten managen kann, sind auch für andere Bereiche beispielhaft. Judge selbst spricht schon länger von einer »metaphorischen Revolution«. Für das Projekt *Governance through Metaphors* gibt es bei der UIA sogar eine eigene Forschungsabteilung.

Dabei geht es natürlich um viele Fragen: Wie gut passen die metaphorischen Strukturen zu rationalen Problemanalysen oder mathematischen Modellen? Welche emotionalen und motivationalen Potenziale werden aktiviert? Wie kreativ oder »visionär« sind die Denk- und Handlungsfelder? Welche Grenzen haben sie? Was wird ausgeblendet? Welche Alternativmetaphern gibt es? – und so weiter.

Dass man komplexe Phänomene nie ideal lösen oder logisch bewältigen kann – und gerade deswegen in metaphorischen Feldern denken und handeln muss –, gilt auch für das Metaphernkonzept selbst. Nie gibt es für eine Problemlage eine absolut ideale Metapher, sondern immer nur mehr oder weniger angemessene.

Da sich die jeweiligen Umstände wandeln und neue »Systemgestalten« begründen, muss man auch wissen, wann eine andere Metapher angebrachter ist.

Das Buch der Wandlung

Judge versteht sein äußerst umfassendes und komplexes Metaphernkonzept im Übrigen in metaphorischer Anlehnung an das *I Ging*, die Jahrtausende alte chinesische Weisheitslehre des *Buches der Wandlung*. So wie sich das individuelle Schicksal in seinem Verlauf stetig oder abrupt, zyklisch oder rhythmisch verändert, dabei aber immer in irgendeiner Form eine der 64 archetypischen Zustände (Hexagramme) annimmt, muss man auch das metaphorische Denken »rhythmisieren« und pluralisieren.

Dieses Konzept dokumentiert, wie Komplexitätskompetenz als Neue Rationalität im Business – und anderswo – verwirklicht werden kann. *Governance through Metaphors* zeigt, wie die Intelligenz metaphorischen Denkens die ideellen und praktischen Potenziale des Rationalen ebenso ausschöpft wie diejenigen der Imagination, der Fantasie und der Kreativität. Es ist analytisch und synthetisch, logisch und dialektisch – ein im besten Sinne ganzheitliches Denken und Handeln.

Übung

Zeitgewebe *Gehen Sie nochmals zum Zeit-Metapherntest ZMT auf Seite 40 und 206 und schauen Sie sich die verschiedenen inhaltlichen Zeitbedeutungen an, die den drei Typen I, II und III zugeordnet sind.*

1. *Machen Sie sich das plurale Gefüge jedes einzelnen Zeittyps bewusst. Drücken die verschiedenen Metaphern dasselbe aus, oder sind es unterschiedliche Nuancierungen und Perspektiven?*

2. *Mischen Sie sich einen eigenen Zeittyp, indem Sie zufällig fünf ZMT-Antworten ankreuzen: Welche Zeitpluralität wird erkennbar?*

3. Welche Zeitpluralität zeigt sich bei Ihnen?

4. Bestehen diese »Zeitbilder« nebeneinander – oder sind sie integriert?

Auch die Organisationsforscher Lee Bolman und Terrence Deal gehen davon aus, dass heutige Organisationen so komplex sind, dass Manager, die nur eine Perspektive oder zwei anwenden, den Situationen nicht gerecht werden. Sie müssen gleichsam die ganze Klaviatur spielen können: »Erfolgreiche Manager«, so die beiden Forscher, »benutzen verschiedene metaphorische Denkperspektiven, die sie zu einer kohärenten, pragmatischen und persönlichen ›Organisationstheorie‹ verdichten«.[7]

Ein weiteres Beispiel für diese metaphorische Pluralität stammt von einem mittelständischen Unternehmen aus den 90er-Jahren:

Metaphernpluralität

1. **Individualität integrieren – *Jazz-Kapelle:***
»Wir sind eine Gruppe von Individualisten. Um optimale Ergebnisse zu erzielen, müssen wir Kreativität und Kommunikation fördern.«
2. **Ziele vermitteln – *Crew eines Segelbootes:***
»Erfolgreiche Projekte sind keine Einzelleistung. Jeder Einzelne trägt mit dem Erreichen eines Teilzieles zum Gesamterfolg bei.«
3. **Verbindungen schaffen – *Fischer knüpfen ein Netz:***
»Jeder von uns profitiert von den Verbindungen, die er zu anderen knüpft und pflegt.«
4. **Sicherheit geben – *Bergführer:***
»Wir orientieren uns an den Teilzielen, ohne das Gesamtziel aus den Augen zu verlieren. Das Team gibt dem Mitarbeiter Sicherheit und stellt sich auf dessen individuelle Fähigkeiten ein.«
5. **Gemeinsam erfolgreich sein – *Sport-Coach:***
»Der Erfolg des Teams wird auch zum Erfolg des Trainers.«
(Nach einer Werbebroschüre der CSC Ploenzke von 1995)

Plural wie das Universum

Um die komplexen Herausforderungen bewältigen zu können, ist Metaphernpluralität ohnehin nicht aufs Business beschränkt: ein kreativer, metaphorisch intelligenter Stil ist auch für die Lebenswelt notwendig. »Sei plural wie das Universum«, begeisterte sich schon der Philosoph Vico.

Weitaus prosaischer hat Adorno ein konstellatives Denken gegen rationalistische Verkürzungen und Verirrungen gefordert. Dieses im Wesentlichen perspektivenreiche, dialektische und plurale Denken des Sowohl-als-Auch ist aber ohne metaphorische Grundlagen unmöglich. Wenn es die postmoderne Identität gerade auch im globalisierten Businessalltag offensichtlich erfordert, unterschiedliche Sinnsysteme wahrzunehmen, zu gestalten und zwischen ihnen wechseln zu können, dann wird das komplexe Lebensproblem ohne eine plurale Daseinsmetaphorik unlösbar bleiben.

3. Teil
Erfolgspraxis Metaphoring: Metaphern als komplexes Businesstool

Metaphernworkshop: Anleitungen zum komplexen Denken

12 Übungen

Nach der grundlegenden Theorie über den elementaren Stellenwert metaphorischen Denkens im Business steht im Folgenden die Praxis im Mittelpunkt. Wir haben für Sie 12 Metaphoring-Übungen ausgewählt, damit Sie sich mit den weit reichenden praktischen Auswirkungen des Metaphorings als Businesstool vertraut machen können.

Lebhafte Erinnerung

Im Prinzip geht es darum, wie sehr Metaphern den Geist und die Diskussion inspirieren können – was Alfred Kieser an einem Alltagsbeispiel so beschreibt: »Während der *Tour de France* tauchte in einer unserer Seminarveranstaltungen, in der es um Grenzen des Zeitmanagements ging, die Metapher vom Unternehmen auf, das einen Spurt anzog – aber in einem Rennen, das immer weitergeht, weil es keine Etappen- und keine Tourziele gibt. Die Diskussion«, so der Organisationsprofessor über eine offensichtlich prägende Erfahrung seiner Lehre, »wurde plötzlich sehr lebhaft. Die Ergebnisse dieser Etappe der Diskussion werden wahrscheinlich besser erinnert als andere«.

Wir möchten ausdrücklich betonen, dass das metaphorische Arbeiten in jeder *Metaphoring*-Praxis immer einen einzigartigen und individuellen Weg einschlagen wird: Die Übungen sind daher *grosso modo* zu verstehen. Entscheidend ist, dass die grundlegenden praktischen Strukturen und Rahmenbedingungen deutlich werden, wie *Metaphoring* dem Denken und Handeln im Business neue Einsichten öffnen und kreative Impulse verleihen kann.

Das metaphorische Denken im Business umfasst zwei Ebenen: die individuelle und die betriebliche. Zur *individuellen* Ebene gehört die Metaphernanalyse I mit der Reflexion des eigenen metaphorischen Denkens. Zur *betrieblichen* Ebene gehören:

- die Metaphernanalyse II: Reflexion unternehmerischer Metaphern (Frames, Visionen, Leitbilder, Paradigmen)
- die Metaphernfindung: die bewusste Suche nach neuen, ungewohnten Metaphern für komplexe betriebliche Probleme
- die Metaphernpluralität: das *Big-Picture-Thinking* für das Große und Ganze.

12 Metaphoring-Übungen

Aufwärmübung

Vergegenwärtigen Sie sich die in der folgenden Aufstellung »Das Unternehmen als Zelle« dargestellten Zusammenhänge:

Firma	Zelle
Kontrollzentrum	Zellkern
Produktionsgebäude	Zytoplasma
Generatoren	Mitochondrien
Produktionsanlagen	Ribosomen
Interne Anlieferung und Lagerung	Endoplasmatisches Reticulum
Verpackung und Auslieferung	Golgi-Apparat
Firmenzaun mit mehreren bewachten Eingängen	Membran

Versuchen Sie nun, Ihre oder eine andere Firma ähnlich zu metaphorisieren, indem Sie sich diese als Maschine vorstellen: Welche Maschine fällt Ihnen dazu spontan ein?

____

Definieren Sie nun »Maschinenteile« und suchen Sie nach dem Vorbild des Zellen-Beispieles entsprechende Zuordnungen:

Maschinenteil	entspricht in der Firma
1.	
2.	
3.	

Übung 1

Die folgende Übung »Metaphern-Brainstorming« sollten Sie auch dann durchführen, wenn Sie bisher ein eher theoretisches Interesse am Metaphoring hatten. Denn hier geht es um die individuelle Ebene.

Metaphern-Brainstorming I

1. *Welche Metapher – oder welche Metaphern – bestimmt oder bestimmen Ihr berufliches Denken und Handeln? Notieren Sie alles, was Ihnen dazu in den Sinn kommt!*

____

____

____

____

____

____

2. Ordnen Sie Ihr Metaphern-Brainstorming nach folgenden Aspekten:

- *kognitiv (gedanklich)*

- *bildlich (symbolisch)*

- *emotional*

- *handlungsbezogen*

3. Wie bezeichnen Sie Ihre »Unternehmensmetapher(n)«?

4. Waren Sie sich bewusst, wie sehr dieses metaphorische Denken Ihren Berufsalltag prägt?

Übung 2

»Unternehmenskrieger«

Im Businessalltag wird die Daseinsmetapher »Leben ist Kampf« häufig als »Geschäft ist Krieg« oder »Marktwirtschaft ist ein Dschungel« gelebt. Sprachlich zeigt sich diese in Formulierungen wie »Auf in die Schlacht!« oder »Denen werden wir das Wasser abgraben«.

1. Formulieren Sie zu den beiden folgenden Metaphern einige Beispiele, die entsprechende Rede- und Verhaltensweisen aus dem Businessalltag widerspiegeln:

- *Geschäft ist Krieg.*

- *Marktwirtschaft ist ein Dschungel.*

2. *Sprechen Sie selbst so – oder ähnlich? Welche Stimmungen, Denk- und Handlungsmuster gehen damit einher?*

3. *Welche Kollegen haben eine »kriegerische« Sprache? Welche Stimmungen, Denk- und Handlungsmuster sind bei diesen Kollegen oder Geschäftspartnern charakteristisch?*

4. *Was würde sich im Businessalltag ändern, wenn Sie – oder Ihre Kollegen – eine andere Sprache sprächen? Welche Metaphern müssten dieser (Verhaltens-)Änderung zugrunde liegen?*

5. Wie heißt oder heißen die »alternative(n)« Metapher(n)?

___

___

Auf der Unternehmensebene geht es im *Metaphoring* im Wesentlichen um zwei praktische Ziele: Unternehmensdiagnostik und Unternehmensentwicklung. Um die »diagnostische« Frage, was eigentlich im »Laden läuft«, geht es in den folgenden Übungen:

Übung 3

Unternehmensmetaphern

1. Machen Sie sich mit den folgenden beiden Metaphern vertraut: Tauchen Sie in ihre Bedeutungssphären ein – gedanklich, gefühlsmäßig und »bildhaft«. Welche Unternehmen sind so? Notieren Sie sich, was Ihnen dazu einfällt:

A Das Unternehmen ist ein Uhrwerk.

___

___

___

___

B Das Unternehmen ist eine Familie.

___

___

___

___

2. Was erhellen diese metaphorischen Sprach- und Denkbilder?

A

B

3. Welche Denkperspektiven und »Handlungsanleitungen« liefern sie?

A

B

4. Welche Grenzen haben sie? Was verdunkeln sie?

A

B

Übung 4

Metaphern-Brainstorming II

1. Schreiben Sie alle Unternehmensmetaphern auf, die Sie kennen – ob Unternehmen als »Kaserne, Kirche, Maschine, Familie, Netzwerk« oder »Orchester (Symphonieorchester, Jazzkapelle)« usw.

2. *Wählen Sie unter Ihren Unternehmensmetaphern diejenigen, die Ihnen am besten zusagen.*

- *Metapher A*

___

- *Metapher B*

___

3. *Tauchen Sie nun in die metaphorischen Bedeutungssphären dieser Metaphern ein – gedanklich, gefühlsmäßig und bildlich. Notieren Sie sich, was Ihnen dazu einfällt:*

A

___

___

___

___

___

___

B

___

___

___

___

___

4. Welche Denkperspektiven und Handlungsanleitungen liefern sie?

A

B

5. Welche der beiden Metaphern ist Ihrer Arbeits- oder Unternehmenswirklichkeit am nächsten? Warum?

A

B

6. Welche Grenzen haben sie? Was verdunkeln sie?

A

B

7. *Welche anderen metaphorischen Denkbilder wären besser geeignet, um die ganze Komplexität abzubilden?*

Wie das folgende Beispiel zeigt, kann man auch ein Organigramm auf metaphorische Art durchführen.

Übung 5

Metaphern-Organigramm I

1. *Beantworten Sie bitte am Beispiel der Organisationsmetapher »Das Unternehmen ist ein Auto« folgende Fragen:*

- *Wer ist der Motor?*

- *Wer die Bremse?*

- *Wer fungiert als Steuerrad?*

- *Wer als Reifen?*

- *Wer ist Reserverad?*

- *Wer bestimmt das Klima im Innenraum?*

- *Wer sitzt am Steuer?*

- *Ist es auch derjenige, der die Karre aus dem Dreck manövriert?*

---

2. *Fördert diese Metapher die Erkenntnis, was im Unternehmen wirklich »läuft«?*

---

3. *Liefert sie praktische Veränderungsanleitungen?*

(Nach einer Idee von Uwe Jean Heuser und Gero von Randow)

Metaphorisches Denken hilft in der Personal- und Organisationsentwicklung, die individuelle Kommunikations- und »Teamfähigkeit« ebenso zu reflektieren und zu fördern wie die Gruppendynamik.

So kann man Metaphern aus dem (Mannschafts-)Sport wählen, um interne Kommunikationsstrukturen »abzubilden« und entsprechend zu verändern, z. B. mit einer Fußballmannschaft:

Übung 6

»Management-Kick«

Beantworten Sie folgende Fragen am Beispiel der Abteilungs- oder Firmenmetapher »Wir sind eine Fußballballmannschaft«:

1. Wer spielt auf welchen Positionen?

- *Im Tor*

___

- *Abwehr*

___

- *Mittelfeld*

___

- *Sturm*

___

- *Wer ist der Coach?*

___

- *Wer ist der Kapitän?*

___

- *Reservebank*

- *Sonstiges*

2. Wie sieht die »Performance« aus?

- *Kondition und Fitness*

- *Läuferisches Können*

- *Zweikampfverhalten*

- *Kommunikation*

- *Siegeswille*

- *Spielintelligenz*

- *Taktisches Verhalten*

- *Spielen wir einen erfolgreichen modernen Fußball? (Viererkette, Raumdeckung etc.)*

- *Sonstiges*

3. *Wie können wir die Leistungsfähigkeit steigern?*

- *Worin besteht Trainingsbedarf?*

- *Brauchen wir Verstärkung? Für welche Position(en)?*

- *Welche Taktik sollen wir in Zukunft spielen?*

- *Sonstiges*

Metaphoring in der Gruppe

Obwohl jede Metaphoringpraxis, wie bereits betont, immer individuell orientiert sein muss, fördern solche Kreativmetaphern neue Denkperspektiven und Handlungsoptionen.

Dies gilt auch für den so genannten »Metaphern-Spiegel«. Bei dieser metaphorischen Bildertechnik legt man den Teilnehmern als Inspiration ebenso wie als Reflexionsstruktur eine Zufallsauswahl etwa 30 bis 50 beliebiger Symbole vor – ob Alltagsdinge (Badewanne, Bratpfanne, Kaffeekanne, Joghurtbecher etc.)[8], Tiere (Löwe, Karpfen, Haie, Delphine, Krokodile etc.) oder bekannte Persönlichkeiten (Boris Becker, Goethe, Einstein) und anderes (Pfeil und Bogen, Spiegel, Tafel, Fernseher) etc.

Wenn man über die metaphorischen Dynamiken der Gruppe oder Organisation etwas genauer Bescheid weiß, kann man diese Metaphernliste auch »gezielter« gestalten, indem man entsprechende metaphorische »Bildrepräsentanten« der negativen Entwicklung oder Denkweisen solchen einer gewünschten positiven gegenüberstellt.

Wie ein solcher »Metaphernspiegel«[9] für Organisationen in der Praxis aussehen kann, hat beispielsweise der US-Wirtschaftsprofessor und Metaphernforscher Gareth Morgan dokumentiert:

»Ein Hochhaus beim Erdbeben«

Die Pflegekräfte eines großen Krankenhauses wählten dabei zunächst individuell aus der Vorlage das am besten passende Bild für die Pflegesituation vor zwei Jahren (kurz vor einer Restrukturierung), für heute und dafür, wie sie in fünf Jahren sein sollte. Danach erörterten sie in ihrer »Arbeitsgruppe« ihre Wahl und diskutierten, ob es ein gemeinsames Bild für die jeweiligen Zustände und Entwicklungen gäbe. Das Personal zeichnete folgende Bilder:

Vor zwei Jahren	Heute	In fünf Jahren
1. Abhängigkeit; ein Jugendlicher, der den Hausarrest durchbrechen will	Unabhängigkeit, wir haben den Hausarrest durchbrochen und kämpfen mit den Konsequenzen	Interdependenz (Verflechtung) mit dem Rest der Organisation
2. Ein Teil des Hofes von Elisabeth I. von England	Eine alte Frau, die in einem Schuh lebt	Fliegende Möwen
3. Die alte Frau, die in einem Schuh lebte	Eine Walschule in einem Schwarm von Haien	Bewohner der oberen Stockwerke eines Gebäudes während eines Erdbebens (unter Kontrolle, aber in einer unkontrollierbaren Situation)
4. Ein Klassenzimmer mit Schülern und Lehrern	Ein Campingtrip (mit lockeren Regeln)	Große Festveranstaltung
5. Bei der Olympiade als Zuschauer	Im Rennen	Die Stoppuhr haltend
6. Ein Vogel aus einer Muschel	Der Vogel versucht zu fliegen	Eine Eule? Oder ein Adler? Oder eine Krähe? Ein Geier?
7. Ein fahrender Zug, beschleunigend, ohne Richtung	Grand Central Station: organisiertes Chaos	Ein Transportsystem
8. Eine Schlange – deren Kopf führt, der Schwanz folgt	Ein Topf mit kochendem Wasser	Eine Galaxie: geordnet, aber unentdeckt

Organisations-Metaphern der Vergangenheit, Gegenwart und Zukunft (nach einer Studie von Gareth Morgan, 1997)

Inhaltlich ist dieses »Metapherngeflecht« sehr komplex, spiegelt aber die inneren organisatorischen Prozesse des Klinik-Großen und -Ganzen aus der Sicht der Pflegeabteilungen prägnant wieder. So ist die Veränderung von früher zu heute auffällig kongruent – die Abhängigkeit des Jugendlichen auf dem Weg zur gegenseitigen Verflochtenheit, die Entwicklung des Jungvogels zu erwachsenen Vögeln, die Geradlinigkeit von Zug oder Schlange zu komplexeren Systemen mit selbstorganisiertem Charakter. Gleichzeitig wird das Heute – und die weitere Entwicklung – als schwierig, konfus, sogar gefahrvoll erlebt.

Um die individuelle wie partner- und abteilungsbezogene Kommunikation zu schulen, kann man bei Gruppen-Seminarübungen im Übrigen wahlweise auch eine *Berg-Seilschaft* oder ein *Schiffsbesatzung auf hoher See* wählen – oder die Metapher des *Schach-* oder *Tennisspiels*, die in der systemischen Therapie sowie in der Personal- und Organisationsentwicklung genutzt wird.

Schachspiel

So können Kommunikation und Gespräche in bewusster Anlehnung an das große metaphorische Denkbild der Sprachspiele Wittgensteins wie ein *Schachspiel* verstanden und »vorbereitet« werden, wie Systemforscher Peter Gester betont: Wörter, Sätze und daraus im jeweiligen Sprachkontext entstehende Bedeutungen werden von zwei oder mehreren Beteiligten wie Bauern, Läufer, Springer, Türme, Königin und König als Sprachfiguren nach bestimmten Regeln auf einem *Kommunikationsschachbrett* manövriert.

Es kommt dabei weniger auf die Inhalte des Gesprochenen an als auf die Flexibilität, mit der jemand seine Kommunikationsfiguren zu bewegen weiß. Der Kommunikationsschachspieler, der die meisten Varianten zur Verfügung hat und am weitesten im Voraus mögliche Züge (Kommunikationsreaktionen) des oder der anderen Spielpartner simulieren kann, wird das Spiel beherrschen, »zumindest wird ihm bei schwierigen Partien und hoher Kommunikationsspielstärke der Mit- und/oder Gegenspieler ein Remis gelingen«.

Beim *Tennisspiel* dagegen müssen die Beteiligten schneller handeln als beim Schach, sie müssen reflexhaft und oft intuitiv reagieren – »sonst knallt ein Ball schon in den Zaun hinter dem Rückspieler, bevor er sich überhaupt zum Return gemuckt hat«, wie Gester bildhaft beschreibt.

Tennisspiel

Kommunikation als Tennisspiel zu metaphorisieren bedeutet, sie als ein Spiel zu begreifen, in dem das Spielfeld, der Belag und der Wechsel der Spielzüge festgelegt sind, aber nicht der Wechsel von Schlagvariationen, Aufbau, Tempo, Rhythmus und Dynamik der Spielmanöver.

Die Metapher *Tennis* eignet sich vor allem zur Vorbereitung auf wichtige Gespräche. Je nach Spielklasse und Ehrgeiz bereiten sie die Teilnehmer in folgenden Trainingssequenzen auf das schnelle und reflexhafte Reagieren im Ernstfall vor:

- Zerlegen von häufig auftretenden Spielvarianten in einzelne Komponenten
- wiederholtes Durchspielen dieser Komponenten auf dem Platz und im Kopf
- in unterschiedlichem Tempo (Zeitlupe bis zu Zeitraffer) und
- in unterschiedlichen Reaktionsvarianten auf die häufigsten Spielvarianten.

Gareth Morgan berichtet von seinen positiven Erfahrungen, die er mit den (Gruppen-)Metaphern der *Jagd (deerhunting), Raumbesatzungen, Zimmerpflanzen* oder *Termitenpopulationen* gemacht hat: Nach anfänglicher Irritation entwickelte sich meist ein sehr fruchtbares *Change Management* in Sachen Gruppen- oder Organisationsentwicklung.

Die folgende Übung macht mit dem modisch gewordenen metaphorischen Netzwerk-Denken vertraut.

Übung 7

Unternehmens-Netzwerke

Lesen Sie folgenden Text:

Die »weichen Faktoren« Kommunikationsfähigkeiten, emotionale Intelligenz oder soziale Kompetenz sind in den Betrieben auch deswegen so wichtig geworden, weil die Unternehmen immer stärker von einer elementaren Entwicklung des gesellschaftlichen »Wertewandels« erfasst wurden, die der amerikanische Sozialpsychologe Kenneth Gergen als zunehmende »Ablösung des Ich durch die Kategorie der Beziehung« beschreibt. Die entscheidende identitäts- und persönlichkeitsstiftende Frage lautet nun nicht mehr einfach: »Wer bin ich?«, sondern: »Wie beziehe ich mich?«

Und in dem Maße, wie sich das ehemals vermeintlich autonome Ich in ein beziehungsgebundenes »relationales Ich« umwandelt, kann auch die traditionelle Sichtweise der Organisationshelden nicht mehr aufrechterhalten werden: Das metaphorische Denk- und Sprachbild der neuen komplexen Zeiten in der Arbeitswelt lautet: Zu einer Organisation zu gehören bedeutet, in ein komplexes und sich ständig wandelndes Netz wechselseitiger Abhängigkeiten eingebunden zu sein. Das neue Bild der Unternehmen an der Schwelle zum 21. Jahrhundert: Jeder Mitarbeiter gilt als mehr oder minder einflussreicher Knoten im betrieblichen Beziehungsnetz.

1. *Teilen Sie diese Ansicht? Inwieweit sind Sie in Ihrem Arbeitsalltag in ein »Netzwerk« eingebunden?*

____

____

____

2. *Welche Netzwerkmetaphern kennen Sie?*

____

____

____

3. Welche praktischen Auswirkungen haben diese Metaphern für

- *das Denken?*

- *das Handeln?*

4. Welche Grenzen bringen sie mit sich für

- *das Denken?*

- *das Handeln?*

Für die Bewältigung und Gestaltung des komplexen Kulturwandels werden in Business und Management insbesondere zukunftsfähige Visionen gefordert. Dazu eignet sich folgende Übung.

Übung 8

Corporate Vision

Beantworten Sie vor dem Hintergrund Ihrer beruflichen Alltagserfahrungen folgende Fragen:

1. *Welche Unternehmensvisionen kennen Sie? Wie werden diese formuliert?*

2. *Welche(s) Leitbild(er) einer Corporate Vision/Mission ist (sind) für Ihre Unternehmenskultur gültig?*

---

3. *Wie stark fördern sie das Denken und Handeln?*

---

4. *Welche Grenzen haben sie: Inwieweit bleiben sie blind, leer oder führen in die falsche Richtung?*

---

5. *Mit welchen anderen metaphorischen Denk- und Sprachbildern könnten Sie den komplexen Herausforderungen und Problemen besser gerecht werden?*

Für das *Change Management* eignet sich das batesche Kulturfünfeck:

Übung 9

Metaphernpentagramm

Erfüllen Sie das »Metaphernpentagramm« (S. 112f.) mit Leben und eigenen Ideen:

1. *Versetzen Sie sich in die jeweiligen »Rollen« und beschreiben Sie sie so, wie sie im Betriebsalltag sein sollten:*

- Ideen: *Künstler – oder Rebell, Abenteurer, Utopist, Hofnarr, Erfinder, Zauberkünstler*

____

____

____

- Sinn: *Geschichtenerzähler – oder Romancier und Klatschmaul, verhandelnder Fürsprecher, Pfadfinder oder Mittler:*

____

____

____

- Lernen/Standards: *Trainer, Mentor oder Lehrer:*

____

____

____

____

- Praktiken: *Verkäufer, Verfechter, Anhänger der »offiziellen« Linie und Späher, Entdecker, Reporter, Ausführer:*

- Strukturen: *Architekt – oder Konstrukteur, Baumeister, Maurer, Bildhauer:*

2. *Stellen Sie sich selbst oder Ihren Chef als Führungskraft vor: Welche Rollen im* Change Management *beherrschen Sie/er gut, welche weniger gut?*

Positiv

Negativ

3. *Wie müsste ein »ideales«* Change Management *aussehen?*

Für die Unternehmensentwicklung insgesamt kann man mit der *Gärtner*-Metapher oder dem *Gardening* arbeiten, wobei sowohl Führungskräfte im Unternehmen als »Gärtner« verstanden werden können, wie der Schwerpunkt auch auf dem »Unternehmensgarten« alleine liegen kann.

Übung 10

Gardening

1. *Machen Sie ein Brainstorming: Wenn Sie daran denken, dass Gärten beispielsweise gehegt und gepflegt werden müssen, Unwettern oder Ungeziefer ausgesetzt sind, Blumen und Unkraut hervorbringen und so weiter – welche Analogien, Vergleiche, Ähnlichkeiten dazu fallen Ihnen zum Unternehmens- und Geschäftsleben ein?*

   Notieren Sie alles!

2. *Welche Metapher passt am besten für Ihren »Unternehmensgarten«?*

Mein Unternehmen ist

____

3. *Welche neuen Perspektiven und Ideen haben Sie gefunden?*

____

____

____

____

____

____

4. *Zu welchen praktischen Veränderungen könnten diese Ideen führen?*

____

____

____

____

____

____

Die letzte Übung eignet sich als Grundlage für das Große und Ganze des metaphernpluralen *Big-Picture-Thinking*.

Übung 11

Metaphern als persönliches Businesstool

Vergegenwärtigen Sie sich nochmals folgendes Zitat: »Manager müssen die im Unternehmen vorherrschenden, das organisatorische Lernen häufig behindernden Metaphern analysieren – und neue Metaphern einbringen, die effizientes Lernen und Handeln in die Wege leiten können« (Alfred Kieser).

Beantworten Sie mit dem Rückenwind der im Metaphoring-Seminar gesammelten Erfahrungen folgende Fragen:

1. *Welche Businessmetaphern würden Sie für Ihren Arbeits- und Unternehmensalltag als unangemessen bezeichnen?*

____

____

____

____

____

____

2. *Warum? Inwieweit begrenzen sie das Denken und Handeln – und/oder führen in die falsche Richtung?*

____

____

____

____

____

____

3. *Welche Businessmetapher(n) würden Sie dagegen für Ihren Arbeits- und Unternehmensalltag als angemessen und hilfreich bezeichnen?*

4. *Warum? Inwieweit fördern diese Metaphern das Denken und Handeln?*

4. *Handelt es sich um ein Metapherngeflecht?*

5. *Wenn nicht: Wie könnte eine solche Metaphernpluralität für Sie aussehen?*

»Metaphernkick«: vom komplexen Mehrwert erlebnisorientierter Trainings- und Managementmethoden

Erlebnispädagogische Metaphern

Eine auf metaphorischem Denken beruhende Praxis spielt auch in der so genannten Erlebnispädagogik und den daraus entwickelten erlebnisorientierten Trainings- und Managementmethoden eine wichtige Rolle. Theoretisch basieren sie vor allem auf Arbeiten der Pädagogen Karl Hahn und Steven Bacon, die die fundamentale Macht der Metaphern als Lernvehikel erkannten und die Grundlagen metaphorischen Lernens in erlebnispädagogischen Szenarien entwickelten.

So haben alle Outdoor- oder Indoor-Aktivitäten etwa des *Action Learnings* gemeinsam, dass die jeweiligen Übungen als Metaphern für den beruflichen Alltag dienen: Es kommt dabei weniger auf das unmittelbare Handeln als ihren metaphorischen Erlebniskern an, insoweit er elementare moderne Schlüsselkompetenzen wie Teamfähigkeit, Risikobereitschaft, Selbstverantwortung, Empowerment, Kreativität, Begeisterungsfähigkeit oder Grundvertrauen stärkt.

High-Ropes

Während Rafting, Floßbauen und das Überqueren von Schluchten noch stark mit dem Image des launigen Betriebsausfluges oder reinen Incentives belastet sind, haben sich beispielsweise High-Ropes-Seminare im Managementtraining eine weit größere Akzeptanz erworben. So dokumentieren Transferstudien der Trainer Akademie München (TAM), dass sie – wie Metaphern – als mentale Katalysatoren wirken können.

Im Mittelpunkt stehen dabei weniger die körperliche Herausforderung und der »Thrill« als die gruppenbezogene Zusammenarbeit und »Beziehungsarbeit«. Aus der Perspektive der Personalentwicklung und des *Human Resource Developing* geht es darum, sich selbst und andere zu motivieren, persönliche Potenziale zu entdecken und zu stärken, neue Aufgaben motiviert und mutig anzugehen, Veränderungen erfolgreich zu bewältigen und die Fähigkeit zu üben, Feedback zu geben und anzunehmen.

Im erlebnisorientierten Managementtraining ist die Nachbearbeitung entscheidend: So werden vor allem in Gruppenübungen häufig metaphorische Muster deutlich, die den Alltag und problematische Verhaltensstrukturen widerspiegeln.

Wirklichkeitsveränderung durch Reflexion

Wie viele praktische Erfahrungen zeigen, führt eine kritische Reflexion dieser Muster häufig zu wirklichkeitsverändernden Aha-Effekten und kathartischen Lösungen. In erlebnisorientierten Methoden versierte Trainer wissen aus Erfahrung, dass in den metaphorischen Erlebnisfeldern der High-Ropes-Parcoure auch kühle Vorstände und betont rationale Topmanager zu ungeahnten Begeisterungsstürmen fähig sind – und sie in den Alltag »transferieren«.

Unternehmenstheater

Die folgenden Beispiele zeigen, wie stark metaphorische Prozesse neuere Businesstools prägen. So ist das *Unternehmenstheater* – mitunter auch »bedarfsorientiertes Unternehmenstheater« genannt – in den letzten Jahren eine immer beliebtere Trainings- und Managementmethode geworden, bei der auf der Bühne gewissermaßen der organisatorische Problemfall dargestellt oder geprobt wird. Grundlegend ist Shakespeares Metapher, wonach alle Beteiligten auch im Unternehmen auf einer »Bühne« agieren und ihre Rollen spielen: *The whole world is a stage.*

Praktiker wie Jürgen Bergmann, Initiator und Veranstalter des jährlichen Forums »Business goes Theater«, betonen, dass bedarfsorientierte Theatereinsätze keinesfalls als Event oder »Theater von der Stange« missverstanden werden dürfen, sondern ein eigenes, sehr flexibles und wirksames *Change Tool* darstellen. Empirische Befunde vom Berliner ABO-Professor Georg Schreyögg bestätigen die Effizienz.

Unternehmenstheater kann sehr flexibel eingesetzt werden – etwa als Unterhaltungs-, Informations- oder Problemlösungstheater –, wobei die Beteiligten sich im »Mitmachtheater« selbst darstellen können oder dargestellt werden. Eine beliebte Variante besteht darin, dass die »Zuschauer« während der Aufführung die jeweilige (Problem-)Inszenierung unterbrechen und Handlungsalternativen vorschlagen, worauf die Szene neu dargestellt wird.

Bedarfsorientiertes Theater scheint als metaphernbasiertes »Kreativseminar« für unterschiedliche Zwecke geeignet: von Teamentwicklung über Verkaufsförderung bis zum *Change Management,* da es Manager und Mitarbeiter ebenso inspiriert, wie es praktisch hilft, sich mit Veränderungen und Innovationen vertraut zu machen und Problemlösungen zu erkennen.

Wie bei den erlebnisorientierten Managementmethoden kommt es auch beim Unternehmenstheater darauf an, die jeweilige »Inszenierung« kritisch zu reflektieren und aufzuarbeiten.

Metaphorische Inszenierungen

Metaphorische Inszenierungen spielen im Seminarwesen ebenfalls eine Rolle, wobei das Krefelder »SpielFeld zur Entfaltung der Sinne« einen völlig neuen Weg geht. Das ursprünglich Ende der 60er-Jahre vom Pädagogen Hugo Kükelhaus in Zusammenarbeit mit dem Max-Planck-Institut entwickelte »Erfahrungsfeld« soll die physikalische Umwelt ganz sinnlich erfahrbar machen. In dieser ganz besonderen »erlebnisorientierten« Umgebung können offenkundig auch Trainer und Personalentwickler ihren Seminaren völlig neue Impulse vermitteln, da der aktive Umgang mit Spielen und Experimenten die Sinneserfahrung metaphorisch so anregt, dass neue Lern- oder Gruppenprozesse in Gang kommen.

»Metaphern-SpielFeld«

> Insgesamt bietet das kükelhaussche Erlebnisfeld rund 40 Stationen – alle mit wohlklingenden metaphorischen Namen wie »Duftorgel«, »Klangsäule« oder »Wasserstrudel«. Alltags- und unternehmensrelevant können dabei die Teilnehmer auf der Balancierscheibe etwa lernen, wie man zu zehnt ein gemeinsames Gleichgewicht findet, während das »Steinpendel« für Renate Richter zur »Metapher für Veränderungsmanagement in Unternehmen« wird: Will man einen schwingend aufgehängten Felsblock – unternehmensbezogen: Strukturen – in Bewegung versetzen, so bieten sich zwei Möglichkeiten. Entweder man wendet für kurze Zeit höchste Energie auf. Ungewohnt und erstaunlich jedoch ist die Tatsache, dass es mit etwas Ausdauer auch möglich ist, den Stein mit geringster Kraft zum Schwingen zu bringen: nur mit der Spitze des kleinen Fingers und im Rhythmus der Pendelschwingung des Steins. Diese Erfahrungen öffnen lebhafte Diskussionen über das eigene organisationale Veränderungsmanagement.

Aikido

Einen anderen Weg geht ein westfälisches Trainerinstitut, das sich dem Aikido als metaphorischem Führungsprinzip verschrieben hat. In den Seminaren »Management in Bewegung« sollen die Regeln asiatischer Kampfkunst auf Führungsarbeit übertragen werden – ganz real in einem Dojo auf der Matte.

Sellympia

Für ein Verkaufstraining haben sich andere Kollegen weniger von der olympischen Idee inspirieren lassen als von der Metapher *Olympia*: »Sellympia 2000« basiert auf der Analogie, dass Verkäufer wie Sportler ständig trainieren müssen, um fit für den Wettbewerb zu sein. So dient beispielsweise das klassische Bogenschießen als Spiegel, wie man mit neuen Herausforderungen umgeht: Wie bereitet sich jemand vor? Welchen Standpunkt nimmt er ein? In welchem Verhältnis stehen Anspannung und Ergebnis? Auf welche Ziele richtet sich die Konzentration? Wann ist es Zeit zum Loslassen? Was wurde getroffen bzw. erreicht? Was kann man aus der Erfahrung fürs nächste Mal lernen?

Informations-visualisierung

Auch im Wissensmanagement spielen metaphorische Prozesse eine wichtige Rolle, beispielsweise bei der immer bedeutsameren

»Informationsvisualisierung«. Dabei können besonders die so genannten »unternehmensexternen Informationen« – wichtige unstrukturierte Daten wie verbale Unternehmensanalysen, Pressemitteilungen, Produktankündigungen oder auch Mitteilungen von Regierungen – nur in einem geeigneten metaphorischen Feld angemessen dargestellt werden. Neben der Zeitungs- oder Schreibtischmetapher hat sich dabei vor allem die Cockpit-Metapher sehr bewährt.

Management-Cockpit

Im Beispiel des »Management-Cockpits« der Konstanzer Arbeitsgruppe um Harald Reiterer bereiten die Metaphern – Tacho, Fieberthermometer, Ampel – die ausgewählten Daten optisch so auf, dass sie dem Manager signalisieren, wie er sein Fahrzeug zu navigieren hat: Während im »grünen Bereich« kein Handlungsbedarf besteht, zeigen dagegen gelbe oder rote Signale, dass der Unternehmenskurs korrigiert werden muss.

Während die Wissenschaftler betonen, dass nur durch die intensive Kooperation mit den Anwendern festgelegt werden könne, welche Metapher in welcher Gestaltung bei der Datenvisualisierung letztendlich zum Einsatz komme, arbeitet die SAP mit dem metaphorischen Modell des Management-Cockpit schon seit 1999. Fazit der Softwareprofis: Das Management Cockpit ermöglicht effiziente Unternehmenssteuerung in einem hochkomplexen und dynamischen Unternehmensumfeld, da es Lücken im Informationsfluss des Unternehmens schließt, die eine effektive Managementkommunikation behindern. Der »Management Cockpit-Raum« bildet vom Controlling bis zur Marktbeobachtung alle strategisch relevanten Daten und Prozesse ab, so dass das metaphorische Datenmonitoring maßgeblich zur Verbesserung der Kommunikation im Managementteam beiträgt und effiziente Unternehmensführung sowie Entscheidungsprozesse fördert.

Wissensmarkt

Für die systemischen Organisationsentwickler Christof Schmitz und Betty Zucker kommt es beim Wissensmanagement weniger darauf an, Wissen zu managen, als zu *entwickeln*. Um hohe Komplexität und Intelligenz zu erzeugen, ohne ein komplexes Regelwerk vorgeben zu müssen, arbeiten sie mit der Metapher des *Wissensmarktes:* Auf dem Markt lernen die Akteure, worin die »Kunst der Wissensentwicklung« besteht und wie Management dazu beitragen kann, dass von den Wissensmarktteilnehmern die Erträge des Wissensaustausches und der -entwicklung höher als die Kosten geschätzt werden.

Experten-interview

Auf Metaphern kommt es schließlich auch an, um das »intuitive« oder so genannte »implizite Wissen« (andere Bezeichnungen: *tacit knowledge*, das der Psychologe Michael Polanyi prägte, »stilles Wissen«, »symbolisches Wissen«) fruchtbar zu machen. So arbeitet Unternehmensberater Reiner Weidmann beispielsweise mit einem »Experteninterview«, bei dem er die logisch oder analytisch nur schwer zugänglichen, assoziativ verknüpften Wissensstrukturen der Betriebs- und Unternehmensmitglieder prinzipiell in Analogien und Metaphern abbildet. Diese metaphorischen Geschichten werden dann zur Grundlage der weiteren Seminararbeit.

Storytelling

Ähnlich funktioniert die metaphernorientierte, so genannte »Storytelling-Methode« der Unternehmensberater Karoline Frenzel, Michael Sonntag und Herrmann Sottong. Dabei geht es darum, die organisationsschwächenden Diskrepanzen über die jeweiligen »Unternehmensbilder im Kopf« bei Mitarbeitern und Management zu harmonisieren. »Die Sprechform in Bildern«, so die Storyteller, »ist auch für die Analyse des Unternehmens im Kopf von großer Bedeutung«.

In jeweiligen »Interviews« oder Analysen anderer Sprachdokumente wird herausgefiltert, welche Metaphern der Mitarbeiter ihr Unternehmens- und Weltbild bestimmt. Beispielsweise signalisieren gehäufte Formulierungen von Mitarbeitern wie »laufen lernen«, »an die Brust genommen werden«, »einen Paten haben«, »Vater-Sohn-Verhältnis« etc., dass es sich weniger um die »Aufnahme in einen weltweit tätigen Konzern als eine Familie handle«.

Knowledge-creating Company

Elaborierter und noch stärker metaphernbasiert ist das Modell der *Knowledge-creating Company* der japanischen Organisationsexperten Ikujiro Nonaka und Hirotaka Takeuchi. In ihrem Buch *Organisation des Wissens* dokumentieren sie, welch wichtige Rolle das so genannte implizite Wissen als weitgehend brachliegende Wissensressource in Unternehmen spielt.

In ihrem praktisch wie theoretisch differenzierten Konzept machen sie vor allem deutlich, dass die verbreitete Vorstellung, Wissen entstehe auch in Organisationen nur durch Lernen – oder die Aufnahme von expliziten Informationen und deren bewusste Verarbeitung –, weniger als die halbe Wahrheit ausmache: Das explizite, rationale Verstandeswissen hat im impliziten, alltagsorientierten Erfahrungswissen einen mächtigen Antipoden.

Implizites, analoges Wissen

Dabei bezeichnen die japanischen Organisationsforscher implizites Wissen in der Praxis ausdrücklich als »analoges Wissen«, das auf metaphorischem Denken beruht. Um in Unternehmen wirklich Wissen schaffen und ein effizientes »Wissensmanagement« betreiben zu können, fällt der Umwandlung vom impliziten zum expliziten Wissen – der so genannten »Externalisierung« – die Schlüsselrolle zu. Wichtig dabei ist, dass dieser komplexe Prozess praktisch immer analog-metaphorisch dominiert wird.

In vielen Praxisbeispielen wird dieses Zusammenwirken von implizitem und explizitem Wissen demonstriert – etwa in der Nahrungsmittelproduktion bei Matsushita:

»Ein zentrales Problem in der Entwicklung eines Brotautomaten in den späten Achtzigerjahren war die Mechanisierung des Teigknetens. Der Knetprozess gehört zum impliziten Wissensvorrat von Bäckermeistern, und so verglich man anhand von Röntgenaufnahmen den gekneteten Teig eines Bäckers mit dem eines Automaten, ohne zu irgendwelchen Erkenntnissen zu gelangen. Ikuko Tanaka, die Leiterin der Abteilung Softwareentwicklung, wusste, dass es das beste Brot der Gegend im *Osaka International Hotel* gab. Um sich das implizite Wissen über den Knetvorgang anzueignen, gingen sie und mehrere Ingenieure beim Chefbäcker des Hotels in die Lehre. Es war nicht leicht, sein Geheimnis zu ergründen. Eines Tages bemerkte sie jedoch, dass der Bäcker den Teig nicht nur dehnte, sondern auch drehte. Durch Beobachtung, Nachahmung und Praxis hatte Ikuko Tanaka des Rätsels Lösung gefunden.«

Synektik

Das bisher einzige entwickelte »analog-metaphorische« Verfahren ist die *Synektik* (vom griechischen *synechein*, »etwas miteinander in Verbindung bringen, verknüpfen«). In den 50er-Jahren wurde die als schwierig geltende Methode vom Psychologen C.C. Gordon eingeführt, um Kreativität zu schulen.

Der Grundgedanke besteht darin, zu bestimmten Problemen oder Fragestellungen persönliche, symbolische, abstrakte und konkrete Analogien und Metaphern zu bilden und daraus durch Abstraktion und Verfremdung Ideen zu gewinnen.

Inhaltliche Struktur

Die unterschiedlichen Schritte synektischer Schulungen orientieren sich an den Phasen des kreativen Prozesses: auf die Vorbereitung und die Inkubation folgt die Illumination und danach die Umsetzung oder Verwirklichung. Inhaltlich ist jede Synektik folgendermaßen strukturiert:

1. Problemanalyse und -definition
2. Spontane Lösungen
3. Neuformulierung des Problems
4. Bildung von Naturanalogien
5. Persönliche Analogien
6. Symbolische Analogien
7. Direkte Analogien, etwa aus der Technik
8. Analyse der direkten Analogien
9. »Force-Fit«: Übertragung auf das Problem
10. Entwicklung von Lösungsansätzen

Praxisbeispiel

Im Folgenden ein einfaches Beispiel synektischer Praxis des Kreativitätstrainers H. Schlicksupp:

1. Problembeschreibung und Brainstorming. Das Problem wird von allen Seiten beleuchtet.
   Beispiel: Sie wollen einen Grill entwickeln, der vor allem die Brattechnik verbessert. Er soll leichter zu handhaben sein und den Saft im Fleisch halten.
2. Spontane Lösungsvorschläge:
   Beispiel: Grill mit Folien, Hochtemperatur-Grill.

3. Neuformulierung des ursprünglichen Problems:
   Beispiel für neue Definition: Fleisch erwärmen und Saft zurückhalten.
4. Bilden Sie direkte Naturanalogien und wählen Sie die besten aus. Versuchen Sie, das Problem vollständig zu verfremden.
   Beispiele: Dörrobst – Kuhfladen – Oase.
5. Bilden Sie persönliche Analogien und wählen Sie die besten aus. Bitten Sie die Kollegen, sich in eine der ausgewählten direkten Analogien hineinzuversetzen und zu beschreiben, wie sie sich fühlen.
   Beispiel: Die Teilnehmer versetzen sich in die Lage von Dörrobst und kommentieren ihre Situation: »Ich sehne mich nach Flüssigkeit.« – »Ich kannte einst bessere Tage.« – »Ich sehe hässlich aus.« – »In mir steckt mehr, als man denkt.«
6. Bilden Sie symbolische Analogien und wählen Sie die besten aus.
   Beispiel: »In mir steckt mehr, als man denkt«. Daraus kann man ableiten:
   – scheinbare Qualität
   – Wirkung, die sich erst nach und nach entfaltet
7. Bilden Sie direkte Technik-Analogien und wählen Sie die besten aus. Fragen Sie die Teilnehmer nach Beispielen aus der Natur oder Technik, auf die die Aussagen der vorherigen Phase passen. Mit den nun vorliegenden Analogien erreicht die Verfremdung vom Ausgangsproblem ihren Höhepunkt.
   Beispiele: Düngemittel – Vitamintabletten – Brausetabletten – Batterie.
8. Übertragen der Analogien:
   Beispiel Düngemittel: Durch Bestreuen werden Substanzen gelöst, die einen Nährstoff für Pflanzen bilden.
9. Stellen Sie die Verbindung zum Ausgangsproblem wieder her. Lassen sich aus den ausgewählten Analogien Lösungsansätze ableiten?
   Beispiel: Kann Fleisch mit einer düngerähnlichen Substanz bestreut werden?
10. Bewerten der Lösungsansätze:
   Beispiel: Entwicklung eines Pulvers zum Würzen von Grillfleisch, das den Saft im Fleisch hält.

Sie können die Methode an einem frei gewählten Problem selbst ausprobieren. Machen Sie sich dazu einfach nochmals bewusst, was eine direkte, eine symbolische oder persönliche Analogie bedeutet, und fangen Sie in einer ruhigen Minute an. Sie müssen dabei vor allem beobachten, dass Analogien meist in metaphorischen Denkbildern integriert sind.

Kreativitätsforscher Werner Ulrich berichtet im Übrigen, dass die NASA die Methode regelmäßig bei schwierigen Aufgaben einsetzt, weil sie »mit einiger Übung« sehr erfolgreich funktioniere (Literatur: Schlicksupp: *Ideenfindung*, 1999).

Metaphernschule: Komplexitätsmetaphern im persönlichen Alltag

Suche die Metapher!

Aristoteles war der Erste, der Metaphern in ihrer Fähigkeit, »Neues« aufzudecken, als ausdrücklich *genial* erkannte – eine Eigenschaft, fügte der Weltweise hinzu, die man nicht lernen könne. Lakoff und Johnson räumen ebenfalls ein, dass man über die empirischen Wurzeln innovativer Metaphern nicht viel wisse: Es lassen sich keine Regeln angeben, nach der eine metaphorische Bedeutung gebildet werden kann – der eigentliche metaphorische Prozess scheint also unserer bewussten Intention entzogen.

Planung nicht möglich?

Ähnlich wie Gesundheit und Glück oder Erleuchtung nicht geplant werden können, lässt sich auch metaphorische Kreativität nicht auf Knopfdruck produzieren. Aber genauso, wie man etwas für seine Gesundheit und sein Glück tun kann, lässt sich auch kreatives und metaphorisches Denken fördern.

In aller Regel funktioniert beispielsweise der »Analogweg« ganz passabel:

Übung

Analogweg

1. Suchen Sie zu einem komplexen Problem eine (mehrere) spontane Analogie(n):

Dieses Problem erscheint mir wie ______________________________

2. Streichen Sie das »Wie«!

Probieren Sie es einfach, und gewöhnen Sie sich im Alltag daran, bewusst solche bildhaften Vergleiche und Analogien zu suchen und zu reflektieren – Ihrer metaphorischen Kompetenz zuliebe.

3. Bilden Sie Analogien, indem Sie »Vergleiche« formulieren:

- *Unser Unternehmen ist/erscheint mir wie*

____

____

____

____

____

- *Unsere größte Konkurrenz – die Firma* ______________________ *– ist/ erscheint mir wie*

____

____

____

____

____

- *Streichen Sie bei jeder Antwort das »Wie«! Was ändert sich? Warum?*

Die wichtigste Regel

Um Ihre metaphorische Kompetenz zu schulen, hilft besonders folgende Regel, die Sie zur Alltagsprämisse Nummer 1 machen sollten: *Suche die Metapher!*

Ob Sie mit jemandem sprechen, ein Buch oder einen Fachartikel lesen, einem Politiker zuhören, einen Werbefilm sehen oder ein Unternehmen besuchen – achten Sie bewusst kritisch auf die verwendeten Metaphern:

- Welche Metapher gebraucht der Gesprächspartner oder Autor?
- Welche Sprachbilder benutzen der Politiker und die Werbung?
- Welcher metaphorische Geist herrscht im Unternehmen?
- Machen Sie eine Metaphernanalyse!

Hinter dieser Regel steht eine der wichtigsten Erkenntnisse der Metaphernforschung: Auch Metapherngegner und betonte Rationalisten können gar nicht anders, als sich metaphorisch oder »bildlich« auszudrücken.

Wenn Sie sich einmal daran gewöhnt haben, werden Sie überrascht sein, welche neuen Perspektiven Ihnen diese »Analyse in Sachen Alltagsmetaphorik« öffnet.

Ihre Metaphernkompetenz können Sie wesentlich durch einen bewussteren Umgang mit Ihren *Träumen* und Ihrer *Intuition* entwickeln.

Träume – die hohe Schule der metaphorischen Komplexitätsbewältigung

Gregory Bateson begriff den Traum als eine Metapher oder ein Knäuel von Metaphern. Tatsächlich dokumentiert die moderne Traumforschung, dass wir mit den Träumen über eine noch weitgehend unerschlossene hauseigene »Metaphernmaschine« als komplexitätsbewältigende Instanz verfügen: Das alltägliche komplexe Erleben wird durch den Traum durchschaubarer und verständlicher. »Es kommt zu klassischen Aha-Erlebnissen«, weiß Traumforscher Michael Schredl um die praktischen Wirkungen, sobald die metaphorischen Dimensionen und gedanklichen wie emotionalen Bedeutungsfelder der Träume erschlossen sind.[10]

Der Lebenstraum des Rabbi Eisik

Nach der chassidischen Überlieferung des Ostjudentums träumte der in Krakau lebende Rabbi Eisik eines Nachts, er solle nach Prag wandern. Dort, unter der Karlsbrücke, die hinüberführt zum Schloss, werde er einen Schatz finden. Er träumte das dreimal und wanderte los – von Krakau nach Prag. Aber in Prag an der Brücke standen ganz viele Wachposten, die den Übergang zum Schloss Tag und Nacht bewachten. Rabbi Eisik konnte es nicht wagen, seine Schaufel zum Graben anzusetzen. Er ging nun jeden Tag zur Brücke, lungerte dort herum und überlegte, wo nun wohl sein Schatz liegen könnte. Dem Hauptmann der Wache fiel der Rabbi auf, und schließlich fragte er ihn eines Tages: »Warum kommst du jeden Tag hierher und lungerst hier herum?« Da erzählte Rabbi Eisik dem Hauptmann von seinem Traum. Der Hauptmann lachte aus vollem Hals und erwiderte: »Wo kämen wir hin, wenn wir Träumen trauen würden? Ich zum Beispiel träumte nun schon wochenlang von einem armen Juden in Krakau. Ich solle nach Krakau wandern und unter dem Ofen in seiner Stube graben, dort würde ich einen Schatz finden.«

Rabbi Eisik lächelte, als er von diesem Traum hörte, verneigte sich, bedankte sich höflich bei dem Hauptmann und wanderte zurück nach Krakau. Zu Hause angekommen, grub er schleunigst unter seinem Ofen, und dort lag der Schatz. Später, als Rabbi Eisik ein berühmter Weiser des Chassidismus geworden war, pflegte er zu sagen: »Merke dir diese Geschichte. Grab nicht woanders, grab bei dir.«

Multifunktionale Lebenshilfe

»Der Traum ist *multifunktionale* Lebenshilfe«, resümiert Traumforscher Harry Fiss. Träume stabilisieren demnach unsere Identität, regulieren unsere Stimmung und helfen uns, Probleme zu lösen, Stress zu verarbeiten, zu lernen und unserem Denken neue Perspektiven zu eröffnen – kurz: Sinn zu finden.

Das Gehirn schläft nie, im Traum verwendet es nur mehr analoge Strukturen, Empfindungen und metaphorische Bilder oder Symbole als im tagesaktiven Denken. Der Traum verdichtet viele Splitter, Informationen, Gefühle, Wahrnehmungen, Ängste und Wünsche in komplexe, metaphorische Muster, bei denen er auch aus Quellen des dem Wachbewusstsein nicht zugänglichen »Unbewussten« schöpft.

Der Traum bewältigt daher nicht nur komplexe Lebensprobleme oder Erfahrungen, sondern ist gleichzeitig eine wichtige Quelle für Kreativität und Intuition. Das Traumbewusstsein gilt nun als eigene Form des Denkens, Fühlens und Wissens.

Die empirische Traumforschung hat ein sehr klares Bild davon gewonnen, dass die Trauminhalte bedeutend wirklichkeitsnäher sind oder das »Traum-Ich« mit dem Wach-Ich ein intimeres Verhältnis hat, als bisher angenommen. Die meisten Menschen sehen nachts daher auch keinen vermeintlich absurden Traumfilm als Zuschauer, wie viele glauben, sondern sie erleben das Traumgeschehen als genauso wirklich wie das Leben im Wachen: »Der Film sind Sie selbst, es geht um Ihr Leben«, betont Schredl.

Förderung der Komplexitätsfähigkeit

Dieser Wandel ist revolutionär, und seine praktischen Auswirkungen sind gerade unter den Vorzeichen einer individuellen Komplexitätskompetenz noch nicht einmal ansatzweise begriffen. Lebenspraktisch bedeutet er nämlich, dass wir unsere Komplexitätsfähigkeit fördern, wenn wir mit unseren Traummetaphern einen Dialog führen können.

Um den Traum individuell als große Lebenshilfe in einem komplexen Dasein nutzen zu können, fordern Traumexperten wie Michael Schredl oder Anthony Stevens, Schulkinder mit dem »Traum-ABC« vertraut zu machen: Für ihre spätere Lebenskultur sei dies ebenso wichtig wie Lesen und Schreiben. Dabei geht es nicht darum, die metaphorische Sprache der Träume mit Hilfe irgendwelcher Symbollexika entziffern zu wollen, sondern den Traum als individuelles und existenzielles Gesamterlebnis zu verstehen.

Träume rechtfertigen keine vorgefertigten Deutungen, sondern sollen wie das metaphorische Denken im Wachzustand Denkperspektiven für das bewusste Leben eröffnen.

Als sicher gilt mittlerweile, dass sich selbst notorische Nichterinnerer schnell daran gewöhnen, ihre Träume zu erinnern, wenn sie dies wirklich wollen. Einzige Bedingung: Man muss seinen Träumen gegenüber offen und neugierig sein. Wer etwa mit dem Willen einschläft, sich morgens an seine Träume erinnern *und* sie notieren zu wollen, dem wird das in aller Regel auch gelingen. Dann können nachweislich auch notorische Nicht-Traumerinnerer ihre Freude daran entfalten, sich mit der traumgewordenen Vielfalt und dem Reichtum der Metaphern, Bilder und Gefühle aus den eigenen Träumen auseinanderzusetzen. Ebenso einfache wie nützliche Hilfen sind das Blatt Papier und der Stift auf dem Nachttisch, um sich nach dem Aufwachen zumindest Stichwörter zu notieren, und ein Traumtagebuch.

Ein differenzierteres Programm, wie man die Komplexitätsbewältigung in eigener Sache umsetzt, formulierte der Traumforscher Michael Schredl: Die »Geheimnisse« der Träume müssen nicht professionellen Traumdeutern überlassen bleiben, sondern jeder kann zum Traum- und Metaphernexperten in eigener Sache werden.

Übung

Traummetaphern: Schule in komplexem Denken

In den sechs Schritten der Traumarbeit sollten Sie sich von den konkreten Traumbildern lösen und ihren metaphorischen Reichtum entdecken, um anhand der jeweiligen Gefühle, Stimmungen und Handlungen im Traum einen Bezug zum Wachleben *herzustellen.*

Die sechs Schritte:

1. *Vergegenwärtigen Sie sich den Traum*
   - *Lesen Sie den Traum.*
   - *Ergänzen Sie Details.*
   - *Notieren Sie spontane Einfälle.*

2. *Schlüsseln Sie die Trauminhalte auf!*
   Sammeln Sie – ohne Deutungsabsicht! – Informationen zu Traum-Ich, Traumpersonen, Gegenständen, Traumorten etc.

3. *Untersuchen Sie die Handlungen im Traum!*
   - *Was ist zentral?*
   - *Welche Gegensätze oder Übertreibungen treten auf?*
   - *Was wiederholt sich?*
   - *Gibt es Konflikte, Helfer oder ein Ziel?*
   - *Was kommt im Traum vor, was nicht?*
   - *Wird im Traum eine Stärke oder Schwäche aufgegriffen, die man von sich aus dem Wachleben kennt?*

4. *Vergleichen Sie Traum und Wacherleben!*
   - *Was beschäftigt Sie momentan besonders (Gesundheit, Beziehung, Prüfung, Familie etc.)?*
   - *Welche Parallelen finden sich dazu in der Bildersprache des Traumes?*

5. *Suchen Sie nach Lösungsansätzen im Traum!*
   - *Begeben Sie sich in die Stimmung des Traums.*
   - *Setzen Sie den Traum schreibend fort.*

6. *Setzen Sie die Lösungsansätze um!*
   - *Fassen Sie die Traumarbeit zusammen.*
   - *Probieren Sie neue Verhaltensmuster aus.*

Dabei kann es hilfreich sein, den Traumbericht mit einem Theaterstück oder einem Film zu vergleichen und ihm einen entsprechenden *Titel* zu verleihen. Um die Traumarbeit zu vertiefen, sollten Sie sich vor allem fragen, an welche metaphorische »Botschaft« der Autor oder Regisseur gedacht hat und wie ein unvollendeter Traum zu einem positiven Ende fortgesetzt werden kann.

Paarträume Einen etwas anderen Weg, die metaphorische Kraft der Träume in Sachen Komplexitätskompetenz zu nutzen, beschreitet die Münchner »Traumwerkstatt«: Sie lässt Paare träumen. Unter Leitung des Psychotherapeuten Andreas Baumgartner versuchen Partner seit einigen Jahren, das lange unterschätzte kommunikative Potenzial der Träume für ihre Beziehung zu nutzen. Baumgartner war in gruppendynamischen Sitzungen schon früh aufgefallen, dass die Teilnehmer eine »Traum-Kommunikation« entwickeln, in der bildhafte, metaphorische Antworten auf vorangegangene Fragen geträumt und neue, weiterführende Probleme oder Ideen formuliert werden.

Im Mittelpunkt seiner Seminare »Paarträume« stehen unter anderem folgende Fragen: Wie begegnen sich Paare in ihren Träumen? Wie spiegeln sich Konflikte der Partnerschaft im nächtlichen Erleben? Wie beeinflusst die direkte Kommunikation von Träumen die Beziehung? Wie die Erfahrung zeigt, können die in Träumen offenbar werdenden metaphorischen Beziehungsbilder und -gefühle eine Partnerschaft vertiefen und die Partner bereichern.

Intuition: den inneren Metaphernpiloten auf Erfolgskurs bringen

Psychologen wissen heute, dass wir uns zu wenig auf unsere Intuition und das »Gefühl im Bauch« verlassen, weil wir zu stark auf Logik und Rationalität fixiert sind. Für die Denkpsychologie und die Therapieforschung steht fest, dass wir häufig erfolgreicher und glücklicher handeln könnten, wenn wir stärker auf die Eingebungen der »inneren Stimme« hören würden.

Das Bauch-Gehirn

Wenn Menschen gerne aus dem »Bauch heraus« entscheiden, kann man dies in Zukunft jedenfalls nicht mehr als unsinnig abtun: Bei diesen und vielen anderen emotionalen und körperlichen Reaktionen ist nämlich unser »zweites Gehirn« besonders aktiv: das so genannte *enterische Nervensystem (ENS)* oder »Bauchgehirn«. Mit seinen rund 100 Millionen in den Eingeweiden und Darmwänden verankerten Nervenzellen ist das ENS weitaus komplexer als das gesamte neuronale Netz im Rückenmark.

Dass unser Organismus mit dem Bauchgehirn über eine weitere Schaltzentrale verfügt, erklären die Forscher evolutionär: Das »zweite Gehirn« sorgte von Geburt an so zuverlässig für die Ernährung der tierischen Organismen, dass die Evolution auf diesen erfolgreichen Mechanismus auch bei der Kortexentwicklung nicht verzichten konnte.

Die Forscher fanden heraus, dass wir mit Hilfe des zweiten Gehirns viele unserer emotionalen und imaginativen Register ziehen. So hat das oft als nur intuitiv abgetane »gute Gefühl im Bauch« sehr reale Erfahrungsgrundlagen: Solche Intuitionen beruhen auf unbewussten Erfahrungsmustern, in denen frühere körperliche Reaktionen des ENS gemeinsam mit kognitiven Bewertungen des Gehirns gespeicht werden.

Denkpsychologen wiederum haben das lange als esoterisch und irrational geltende und abgetane intuitive Denken rehabilitiert: Das langsame, »osmotische« Denken ist als Grundlage unserer Intuitionen genauso wichtig wie das schnelle, logische Kalkulieren. Es wäre also klug, wenn wir die unterschiedlichen, im

Laufe der Evolution parallel entstandenen Erkenntnisprozesse auch gleichermaßen nutzen würden und sich ergänzen ließen.

So müssen wir drei Denkformen unterscheiden: das rationale Denken und die beiden intuitiven Denkformen des »sinnlichen Verstandes« und des so genannten »osmotischen Denkens«.

Der auf unseren fünf Sinnen basierende »sinnliche Verstand« arbeitet dabei vorbewusst, schnell und instinktiv – er sorgt für den ersten Eindruck: Gefallen uns die Dinge oder nicht?

Osmotisches Denken

Das osmotische Denken wiederum ist der eigentliche intuitive Denk- und Wissensmodus. Auch er funktioniert unbewusst, ist aber langsam und eher »planlos«. Da diese unbewusst, implizit arbeitende kreative Intelligenz alles aufnimmt, was gewissermaßen am Rande des Lebens geschieht, verfügt sie über ein riesiges Wissens- und Erfahrungspotenzial, das man vor allem in der Entspannung oder beim Tagträumen »abrufen« könnte – wenn es nicht als »minderwertig« abgetan würde.

Tatsächlich beruhen die meisten »glücklichen« Entscheidungen auf diesem intuitiven Wissen, das keineswegs irrational ist, wie der Gehirnforscher Ernst Pöppel hervorhebt: »Können als implizites Wissen kennzeichnet den Experten, der ohne notwendige Reflexion handelt – und dennoch richtig handelt.« Im impliziten Wissen drücken sich vielmehr unsere Intuitionen aus, so Pöppel, »ohne die ein Arzt, Künstler, Wissenschaftler, Handwerker nicht wirken und nichts erreichen kann.«

So zeigen auch Managerstudien von Mintzberg, dass Führungskräfte nur ausnahmsweise rational genau erklären können, warum sie so erfolgreich gehandelt und ein »glückliches Händchen« bewiesen haben. Viele meinen gar, nur »geraten« zu haben. Ähnliches gilt für den Sport, die Luftfahrt oder die Medizin: Trainer, Piloten und Ärzte entscheiden sich meist intuitiv für das Richtige.

Insgesamt verstehen es bauch-intelligente Menschen hervorragend, unbewusste Lösungen zu finden – oder das zu erspüren, was sie glücklich macht. »Wie ein Schwamm«, beschreibt Publizist Heiko Ernst das gewaltige Wissenspotenzial unserer Intuitionen, »haben diese Menschen all das aufgesaugt, was jemals von Nutzen sein könnte. Sie vertrauen ihrer Intuition, leisten sich den Luxus der Reflexion und können bei Problemlösungen lockerlassen. So kann das Expertenwissen aus dem Unterbewusstsein aufsteigen«.

»Intuitiv leben!«

Mittlerweile gibt es einige ausgearbeitete Konzepte, wie man seine Intuition fördern kann, beispielsweise das psychologische Programm »Intuitiv leben!« der Sozialpsychologin und Psychotherapeutin Angelika Faas.

Dieses individuelle Anti-Stress- und »Glückstraining« beruht im Wesentlichen auf den beiden Dimensionen »vertiefte Selbsterkenntnis« und »gesteigertes Selbstvertrauen«, die jeweils in mehreren Schritten entfaltet werden sollen:

1. Selbsterkenntnis
   - Rückzugsort finden
   - Optimalen Zeitpunkt suchen
   - Innere Ruhe kultivieren
   - »Sinnes-Schulung« – die Sinne öffnen
   - Wahrnehmungsfavorit erkennen
   - Gedanken fließen lassen
   - Prägende Lebensmuster erkennen
   - Das innere Programm erkennen

2. Selbstvertrauen
   - Bilanz der Lebensführung
   - Aktuelle Entwicklungsphase
   - Erreichtes angemessen würdigen
   - Eigene Lebensziele prüfen
   - Prioritäten erkennen
   - Unterstützungssysteme finden
   - Lebensfreude intensivieren
   - Spontaneität wagen und trainieren

Insgesamt ist es nicht entscheidend, dass solche intuitiven Impulse Sympathie, Begehrlichkeit oder Angst hervorrufen, sondern dass man in einem bewussten »Training der Spontaneität« lernt, mit ihnen vorurteilsfrei umzugehen und sie zu prüfen. Dazu kann man sich angewöhnen, intuitive Impulse zunächst nur für sich selbst auszuformulieren, danach aufzuschreiben und sie schließlich sich selbst gegenüber laut auszusprechen und/oder einem Vertrauten mitzuteilen. »Mit der Zeit«, so Angelika Faas, »wird der Zugang zum intuitiven Potenzial vertrauter, und Sie können Ihre Intuitionen immer selbstbewusster und spontaner nutzen.«

Eine der einfachsten, aber auf Dauer nachhaltigsten Schulungen der Intuition und metaphorischen Kompetenz stammt von Edward deBono, einem der weltweit bekanntesten und renommiertesten Denkforscher. Der kanadische Psychologe empfiehlt folgende Prämissen:

Schule der Intuition

1. Vor allem: Lassen Sie sich Zeit!
2. Hören Sie in Ruhe Musik!
3. Besuchen Sie Kunstausstellungen!
4. Wandern Sie mindestens einmal wöchentlich in der Natur.
5. Beobachten Sie die Menschen in Ihrer Umgebung intensiver.
6. Atmen Sie bewusst ruhig und gleichmäßig.
7. Lassen Sie Ihre Arbeit in der Firma. Genießen Sie den Feierabend.
8. Üben Sie Zeichnen.

Von diesen Tätigkeiten sind besonders der Umgang mit Musik, Natur und Kunst direkt metaphernfördernd.

Die Natur – der Metapherngarten

So ist die Natur seit jeher so etwas wie der »Metapherngarten« des Menschen und die wohl wichtigste Quelle metaphorischen Denkens und metaphorischer Sprach- und Weltbilder. Goethe fand in seinen Naturstudien ebenso metaphorische Erfüllung wie Hunderte andere Denker. Und Voltaires längst sprichwörtlich gewordene Daseinsmetapher *il faut cultiver notre jardin* – »wir müssen unseren (Lebens-)Garten kultivieren« – ist wie jedes große Kunstwerk ungebrochen kraftvoll und inspirierend.

Umgekehrt versuchte Goethe in seinem *Fragment* das Wesen der Natur selbst in einem Netz voller Metaphern unter anderem so einzufangen:

Natur!

»Wir sind von ihr umgeben und umschlungen – ungebeten und ungewarnt nimmt sie uns in den Kreislauf ihres Tanzes auf. Sie schafft ewig neue Gestalten – was da ist, war noch nie, was war, kommt nicht wieder. Sie spielt ein Schauspiel: Ob sie es selbst sieht, wissen wir nicht und doch spielt sie's für uns, die wir in der Ecke stehen. Sie setzt alle Augenblicke zum längsten Lauf an und ist alle Augenblicke am Ziele.

Jedem erscheint sie in eigener Gestalt. Sie verbirgt sich in tausend Namen und Termen und ist immer dieselbe. Die Menschen sind all in ihr und sie in allen. Mit allen treibt sie ein freundliches Spiel und freut sich, je mehr man ihr abgewinnt. Sie treibt's mit vielen so im Verborgenen, dass sie's zu Ende spielt, ehe sie's bemerken. Ihr Schauspiel ist immer neu, weil sie immer neue Zuschauer schafft. Leben ist ihre schönste Erfindung und der Tod ihr Kunstgriff, viel Leben zu haben.

Sie hüllt den Menschen in Dumpfheit ein und spornt ihn ewig zum Lichte. Sie spritzt ihre Geschöpfe aus dem Nichts hervor und sagt ihnen nicht, woher sie kommen und wohin sie gehen. Sie sollen nur laufen. Die Bahn kennt sie.«

Auch in komplexen Zeiten der Postmoderne empfehlen Vordenker wie Kevin Kelly das inspirierende Studium der Natur in metaphorischer Absicht: Die Natur ist eine Ideenfabrik, bekundet Kelly, so seien beispielsweise auch das »wieselnde Gewimmel von Insekten und Kräutern und die Eingeborenenkulturen, die dieses Leben sinnhaft gedeutet haben« es wert, geschützt zu werden – »und sei es auch nur der postmodernen Metaphern wegen, die sie uns noch nicht verraten« hätten. »Eine Prärie zu zerstören«, so der Zukunftsdenker apodiktisch, »heißt nicht nur einen Genvorrat, sondern auch einen Schatz an zukünftigen Metaphern zu zerstören«.[11]

Die Kunst – Metapher für das Leben

Die Kunst wiederum ist in sich eine »Metapher für das Leben«. Klinische Erfahrungen aus der Kunst- und Gestalttherapie dokumentieren, dass über die metaphorische Darstellung des Selbstmalens viele Heilungen oder Problemlösungen katalysiert werden.

Die metaphorischen Kräfte der Kunst werden auch in der Weiterbildung immer mehr genutzt – ob prinzipiell kreative Potenziale gefördert werden oder gezielt Ingenieure die Pfade des strukturiert-analytischen Denkens verlassen und neue Perspektiven und Wahrnehmungen erfahren sollen.

Und was in neuen Managementseminaren gelehrt wird, können Sie auch selbst: sich komplexe Probleme von der Seele schreiben oder malen. Auch hier gilt: einfach ausprobieren – gleich ob mit professioneller Hilfe oder ohne!

Metaphernmeditation: die Kraft der »inneren Bilder«

Psychologen und Kognitionsforscher zählen metaphorisches Denken zu den so genannten Primärprozessen, die wie der Traum, der »sechste Sinn« oder die Intuiton bewusst oft nicht zugänglich sind. Nutzen Sie daher primäre Zustände wie in der Trance, (Selbst-)Hypnose[12] oder Meditation, um bewusster mit Ihren inneren Bildern und Metaphern umzugehen – zum Beispiel mit folgenden drei Metaphernmeditationen.

Übung

Metaphernmeditation I: Lebensreise

Entspannen Sie sich, schließen Sie die Augen und atmen Sie ruhig und tief. Gehen Sie in sich und sagen Sie sich still vor: »Ich bin auf dem Weg«. Lassen Sie die Bilder und Gefühle auf dieser »Reise« einfach so zu, wie sie erscheinen: Tauchen Sie völlig in die Stimmung dieses metaphorischen Feldes ein.

1. *Notieren Sie danach Ihre »visuellen« und emotionalen Erfahrungen der Metaphernmeditation schriftlich. Achten Sie auch auf »Kleinigkeiten«.*

Sie können sich dabei an folgenden Fragen orientieren:

- *Auf welchem Lebensweg sind Sie? Gehen, schwimmen, fahren oder fliegen Sie? Sind Sie in einer Landschaft unterwegs? Im Wasser? Oder in der Luft?*
- *Sind Sie allein unterwegs?*
- *Wie bewegen Sie sich auf Ihrem Lebens-Weg? Entspannt, dynamisch, locker, verkrampft, aufrecht, belastet?*
- *Welche angenehmen und welche problematischen Situationen gibt es?*

____

____

____

____

____

____

2. *Mit welcher Metapher können Sie Ihre »Lebensreise« am besten beschreiben?*

____

Ihre metaphorische Kompetenz können Sie auch mit folgender Übung schulen.

Übung

Metaphernmeditation II: Lebensgarten

Entspannen Sie sich, schließen Sie die Augen und atmen Sie ruhig und tief. Gehen Sie in sich und sagen sich still vor: »Ich bin im Garten«. Lassen Sie die Bilder und Gefühle zu diesem »Garten« einfach so zu, wie sie erscheinen: Tauchen Sie völlig in die Stimmung dieses metaphorischen Feldes ein.

1. *Wie sieht dieser Garten aus? Dokumentieren Sie Ihre Erfahrungen schriftlich. Achten Sie auch auf »Kleinigkeiten«.*

2. *Welche Metapher passt am besten zu Ihrem »Lebensgarten«?*

Eine ähnliche Übung zur Vertiefung in Sachen metapherngestützter Persönlichkeitskompetenz ist die »Lebens-Odyssee«:

Die Daseinsmetapher *Das Leben ist eine Odyssee* hat Shakespeare so formuliert: »Es gibt Gezeiten in der Menschen Treiben: Nutzt man die Flut, so trägt sie uns zum Glück; versäumt man sie, so führt die ganze Lebensreise zur seichten Sandbank und zum Unglück. Wir sind nun flott auf hoher See und müssen, wenn der Strom uns hebt, ihn nutzen oder uns're Sache ist verloren.«

Goethe schrieb als 27-Jähriger:
»Ich bin nun eingeschifft auf der Woge der Welt – voll entschlossen: zu entdecken, gewinnen, streiten, scheitern, oder mich mit aller Ladung in die Luft zu sprengen.«

Und als 63-Jähriger:
»Ich weiß recht gut, was es mich für Entschlüsse und Anstrengungen kostete, damals den Wellen des Todes zu entkommen, so wie ich mich aus manchem späteren Schiffbruch auch mühsam rettete.«

Evolutionsforscher William Calvin versteht den »Lauf des Lebens« als *Grand Canyon*:
»Auch wir haben unsere ruhigen Momente, in denen die Zeit ereignislos verstreicht, aber auch Phasen, in denen wir durch Ungewissheiten und Turbulenzen hindurch uns einen neuen Kurs suchen müssen, wenn sich das Schäumen erst gelegt hat. Aber überall stoßen wir auf Wirbel, die uns bald in diese, bald in jene Richtung ziehen.«

Übung

Metaphermeditation III: Lebensodyssee

Entspannen Sie sich, schließen Sie die Augen und atmen Sie ruhig und tief. Gehen Sie in sich und sagen sich still vor: »Ich bin auf einer Odyssee.« Lassen Sie die Bilder und Gefühle auf dieser »Reise« einfach so zu, wie sie erscheinen: Tauchen Sie völlig in die Stimmung dieses metaphorischen Feldes ein.

1. *Dokumentieren Sie Ihre Erfahrungen auf Ihrer Odyssee schriftlich. Achten Sie auch auf Kleinigkeiten.*

____

____

____

____

____

____

____

2. Welche Gefühle gehen damit einher?

3. Und welche Gedanken?

4. Welche Aspekte/Erfahrungen kann diese Metapher nicht ausdrücken?

5. Mit welcher Metapher würden Sie diese Aspekte/Erfahrungen formulieren?

Um Ihre Komplexitäts- und Metaphernkompetenz im Alltag zu fördern, sollten Sie bewusst nach folgenden Prämissen leben:

Metaphernkompetenz im Alltag

1. Welche Metaphern sind im Spiel?
   Welche Metaphern benutzt mein Gegenüber/ Gesprächspartner, der Autor, Politiker, Redner?

2. Kultivieren Sie die Metaphernanalyse!

   - *Klärung:*
     Welche Metapher(n) gilt (gelten) jeweils für
     - das Denken?
     - das Handeln?
     - die Unternehmenskultur?

   - *Orientierung:*
     Wie befruchten die Metaphern das Denken und Handeln wirklich?

   - *Grenzen:*
     Was wird verdunkelt oder ausgeblendet?

   - *Alternativen:*
     Welche andere(n) Metapher(n) wird (werden) den komplexen Herausforderungen und Problemen besser gerecht?

3. Schulen Sie Ihre Intuition!
   Hören Sie auf Ihre komplexitätskompetente innere Stimme!

4. Achten Sie auf Ihre Träume!
   Führen Sie ein Metaphern-Traumtagebuch.

Alles in allem: das Ganze managen

Wer im Business komplexe Zusammenhänge verstehen und in komplexen Kontexten handeln möchte, muss metaphorisch denken. Genauer:

> **Um sich der komplexen Dynamik der wirtschaftlichen Prozesse anpassen und sie gestalten zu können, muss man metaphernplural denken und handeln können.**

Keine neue Schule

Um Missverständnissen vorzubeugen, betonen wir nochmals, dass ein Denken in Metaphern nicht als fertige Erfolgsrezeptur für Komplexität gesehen werden darf. Metaphorisches Denken ist keine Alternative zu irgendetwas, schon gar keine ideologisch orientierte neue Schule, die nun angetreten wäre, alles besser zu machen als alle alten – wie es beispielsweise häufig für das hemisphärische Denken gilt, das alles »Linke« wie Logik, Grammatik, Linearität usw. als schlecht begreift. Dafür eignet sich Metaphorik als Grundmodalität unseres Geistes nicht – außerdem ist sie selbst viel zu traditionell und »eingeführt«.

Keine Konkurrenz zum vernetzten Denken

Wir verstehen uns auch nicht in Konkurrenz zu irgendwelchen eingeführten Konzepten systemischen oder vernetzten Denkens. So ist die Biokybernetik Frederik Vesters – vor allem das jüngst vorgelegte PC-gestützte Sensitivitätsmodell als Weiterentwicklung des früheren »Papiercomputers« – eine ebenso wichtige Hilfe zur Komplexitätsbewältigung wie die Arbeiten von Gilbert Probst zum »ganzheitlichen« Denken und Handeln im Management und Wirtschaftsalltag.

Wir verkennen auch den Stellenwert der traditionellen Intelligenz keineswegs: Logisches Denken, mathematische und vor allem sprachliche Kompetenzen bleiben im Business äußerst wichtig, wenn auch in einer relativierten Bedeutung.

Zudem sind alle psychologischen Prozesse zu berücksichtigen, wie sie die Psychologie komplexen Problemlösens erforschte: Analysefähigkeit oder reflektierte Zielsetzungen und einige realitäts- und ichstarke Persönlichkeitseigenschaften sind selbstverständlich wichtig, um mit komplexen Situationen nicht überheblich, selbstgefällig oder resignativ umzugehen.

Unser Anliegen war und ist ein anderes: Das metaphorische Denken soll in den Mittelpunkt rücken, um seine zwar fundamentale, bisher aber kaum erkannte Bedeutung besser gewichten und für die Praxis einer Unternehmens- und metaqualifizierten Personalentwicklung fruchtbar zu machen.

Neue Rationalität

Wir verstehen *Metaphoring* als Beitrag, um eine auch im Business schon länger geforderte, aber bisher uneingelöste *Neue Rationalität* entwickeln zu können – jenseits aller allzu einfach gestrickten mechanischen Rezepturen und diesseits betont ganzheitlicher, aber letztlich diffuser und realitätsfremder Denkideologien.

Um dem Ganzen komplexer Welten gerechter zu werden und besser damit umgehen zu können, brauchen wir vor allem im Business diese Neue Rationalität im Sinne einer systemisch geschulten Logik und Analyse, die sich mit den Potenzialen der Imagination, der Fantasie und Kreativität zu verbinden und zu erweitern weiß – wie das Denken in Metaphern. Wir müssen gleichzeitig logisch und systemisch, begrifflich und »visionär« denken lernen.

Was Adorno als *konstellatives Denken* und Bateson in ähnlichem Sinne als das *lockere und strenge Denken* als Alternative zum beschränkten und beschränkenden logischen Denken forderten, kann man heute wohl nicht nur mit Blick auf das Business so formulieren: Auch im Management muss man die auf Imagination beruhende Rationalität metaphorischen Denkens im besten Sinne synergetisch kultivieren, um komplexitätsfähiger zu werden und erfolgreich handeln zu können – ohne metaphorisches Denken gibt es keine Komplexitätskompetenz.

Ohne Metaphern kein Zugang zur Komplexität

Wer überzeugt ist, auf Metaphern verzichten und einen ausschließlich rationalen, begrifflichen Zugang zu komplexen Welten finden zu können, der irrt. So ist es ein Missverständnis, wenn etwa Wirtschaftswissenschaftler Winn Farrell bei einer Internationalen Konferenz über Komplexe Systeme der Georgia Universität fragt, ob die Komplexitätswissenschaften letztlich nur »eine Metapher für das Denken darstellen, wie die Welt funktioniert – oder doch etwas mehr als eine Metapher« sein könnten.

Es wird nicht ohne metaphorische Bedeutungsfelder gehen:

> **Alle Arbeiten und Analysen zwingen zu der Einsicht, dass die Metaphorizität der Sprache und des Denkens grundlegend ist – im Business ebenso wie in der Wissenschaft oder im Alltag. Die Metapher kann nicht durch einen Begriff oder eine eigentliche, objektive Rede ersetzt werden. Eine Metapher kann nur durch andere metaphorische Denk- und Sprachbilder abgelöst oder vervollständigt werden.**

Metaphernmanagement

Die ganze Business-Intelligenz einer umfassender entwickelten Komplexitätskompetenz wird ein kluges »Metaphernmanagement« und metaphorisches Denken kultivieren müssen. Wie wir gesehen haben, basiert die fundamentale Metaqualifikation der Sozial- und Persönlichkeitskompetenz dabei ebenso wie das ganzheitlich-vernetzte oder systemische »Modelldenken« im Wesentlichen auf metaphorischen Prozessen – ohne dass diese bewusst geschult oder gefördert würden.

So gesehen könnte das metaphorische Denken ein Königsweg sein, da es alle Potenziale des Rationalen, Logischen und Sprachlichen mit dem Bildhaften und Kreativen zu verbinden weiß. Für die Praxis bedeutet dies, das immer gegebene metaphorische Bewusstsein kritisch zu reflektieren, zu schärfen und zu erweitern:

»Vielfalt«, betont Karl Weick, »bedeutet auch, die Flüsse, Rhythmen und Ströme in Organisationen zu begreifen und sich tief in Metaphern zu vergraben, da diese dicht, aussagekräftig und lebendig sind.«

Der große Organisationsforscher spricht ausdrücklich von Metaphern im Plural. Da jedes Konzept seine spezifischen Vorteile und Grenzen hat, sollte man sich bewusst sein, was welche Methode leisten kann und was nicht. Weick rät Managern und Führungskräften im Übrigen kurz und prägnant: »Modifiziere Metaphern!«

Neben einer klugen Metaphernanalyse und -reflexion wird in Zeiten, in denen nur der Wandel die einzig verlässliche Größe darstellt, eine bewusst entwickelte *Metaphernpluralität* zu einem der wichtigsten Zukunftsnavigatoren im Business.

Dabei kann auch ein kluges metaphorisches Denken keine Erfolgs- oder Sicherheitsgarantie gewähren. Die Ideallösung gibt es für komplexe Wirtschafts- und Managementprozesse nicht: So zählt es zur Quintessenz der modernen Systemforschung, dass die »Wahrheit« – in Abhängigkeit von der jeweiligen Perspektive – immer eine multiple Wahrheit ist.

Vom Puzzle zum Legospiel

Die völlig anderen inneren Problemdimensionen der »vorkomplexen« Organisationen mit den heutigen vergleicht Mintzberg mit dem Wechsel vom Puzzle zum Lego-Spiel: Während beim Puzzle die Lösung vorgeben ist – und mit Fleiß auch erreicht werden kann –, bleibt es beim Lego dem Spieler überlassen, ob er einen kosmischen Raumkreuzer baut oder ein archaisches Urtier oder beide zusammen.

Der Mythos, dass es dennoch so etwas wie die einzige Lösung zu komplexen Phänomenen gebe, geht auf die »Maschinisten« des Taylorismus zurück. »Zu allen komplexen Problemen gibt es einfache Antworten«, warnte schon Paul Valery, »und die sind immer falsch.«

Um es von einer anderen Perspektive zu beleuchten: Schon Sigmund Freud wusste, dass ein differenziertes, nuanciertes und perspektivenreiches Denken nur innerhalb einer entwickelten

Metaphernpluralität wachsen kann: Da das Psychische etwas so Komplexes und einzig Besonderes sei, dass kein vereinzelter Vergleich seine Natur wiedergeben könne, forderte der große Wiener Tiefenpsychologe die Analytiker dazu auf, in der Behandlung die metaphorischen Modelle oder Vergleiche öfter zu wechseln – und je nachdem als *Spiegel, Chirurg, Archäologe, Aufklärer, Erzieher* oder *Detektiv* und in vielen anderen Rollen zu handeln.

Viele metaphorische Szenarien

Therapieforscher Martin Buchholz belegt dies empirisch. Für eine erfolgreiche Therapiebeziehung ermittelte er drei besonders günstige Momente: Wenn die Therapeuten über verschiedene »metaphorische Szenarien« verfügen, zwischen den verschiedenen Stufen eines Szenarios differenzieren können und diese Differenzierungen selbst wiederum metaphorisiert werden können.

In der Praxis haben umgekehrt diejenigen Psychotherapeuten die größten Probleme, die auf bestimmte Szenarien »fixiert« sind, während die anderen eine differenzierte komplexitätsfähige Beziehungskultur gestalten können, weil sie über mehrere metaphorische Denk- und Handlungsperspektiven verfügen.

»Da es definitiv keine richtigen Konzepte von Beziehungen gibt«, so Buchholz, »kommt es auf ein Wechselspiel der metaphorischen Sichtweisen an.« Seine Forderung, Therapieforschung sollte in Zukunft mit größerem praktischen Nutzen klären, wie diese metaphorische Interaktion der Bilder funktioniert, gilt auch für viele andere Bereiche komplexer Prozesse – zum Beispiel für das Management und die Organisationsentwicklung.

Psychische Gesundheit

Dabei sollte man im Business hellhörig werden, wenn die psychologische Forschung dokumentiert, dass derjenige, der sein Leben nicht kreativ und metaphorisch klug organisiert, nicht nur seinen Denk-, Handlungs- und gesamten Lebenshorizont verengt, sondern früher krank und schneller alt wird. »Unter klinischen Gesichtspunkten ist die Fähigkeit zur Metaphorisierung Zeichen psychischer Gesundheit«, bilanziert das *Handbuch Psychologischer Grundbegriffe*.

So benutzten persönlichkeitspsychologisch wenig integrierte oder »unreife« Menschen deutlich weniger Metaphern als ihre reiferen Zeitgenossen, die persönliche Probleme dank ihres Metaphernreichtums weitaus effektiver bewältigen. Dieser Zusammenhang ist mittlerweile auch gehirnphysiologisch belegt. Schizophrene etwa zeigen im Vergleich zu Gesunden ein signifikantes Unverständnis metaphorischer Sprache, da sie sie »konkretistisch« missverstehen.

Um die Analogie zu schließen und die Metapher auszuformulieren: Wenn wir »lernende Unternehmen« haben wollen, dann sollten wir auch dafür sorgen, dass sie mental gesund und munter sind. Das geht aber nur, wenn neben den Managern auch alle Mitarbeiter ihren Blick für das Große und Ganze ihres Business flexibel und plural weiten oder fokussieren können.

Die erstrebte Vereinfachung ...

Dabei hat es sich allerdings eingebürgert, Komplexität ungebrochen »als Problem zu betrachten«, wie es Dirk Baeker formuliert, wobei »Einfachheit« weiterhin als traditioneller Gegenbegriff zu Komplexität gilt: »Vereinfachung, Verschlankung, Verknappung, Verkürzung sind die traditionellen Zielwerte eines Managements und einer Managementberatung, die es immer wieder neu mit wuchernden Organisationsstrukturen, wachsenden Produktpaletten, überflüssigen Rücksichten und langatmigen Entscheidungen zu tun bekommen.«

... erfordert Komplexität

Die Verhältnisse sind offenkundig nicht so positiv, wie wir alle wissen. Jüngst beklagte auch Peter Senge, dass sein Konzept erst »ausnahmsweise« funktioniere. Vermeintlich zukunftsfähige Visionen werden zwar überall beschworen; realisiert sind sie jedoch kaum. Angesichts der Tatsache, dass sowohl die Wirtschaft insgesamt wie die Unternehmensstrukturen immer komplexer werden, kann man nur folgern, dass Management und Managementberatung, die auf Einfachheit hinauswollen, ein vergebliches Tun sind. Die wirklichkeitsnähere Sicht: Vereinfachungen sind zwar immer möglich, fördern aber ihrerseits früher oder später – meist jedoch sofort – eine gesteigerte Komplexität.

Wir haben es mit einer Paradoxie zu tun: Systemisch betrachtet *muss* jede Vereinfachung die gegebene Komplexität steigern, weil

Komplexität nicht irgendwo im System anfällt – »sondern genau da«, so Baeker lapidar, »wo vereinfacht wurde«. Die Paradoxie löst sich auf, wenn man den überkommenen rational-einwertigen, linearen Denkmodus aufgibt. Dann zeigt sich, dass Komplexität nicht das Problem ist, sondern die Lösung.

Ähnlich hatte schon der Gründungsdekan der Universität Witten-Herdecke Ekkehart Kappler gefordert: »Komplexität verlangt Öffnung.« Und Ralph Stacey betont, es stimme »einfach nicht, dass unweigerlich Anarchie droht, wenn niemand das Ergebnis einer Entwicklung kennt und niemand die Kontrolle über eine Situation hat. Ganz im Gegenteil: genau das sind die Gegebenheiten, die Kreativität fördern und eine spannende Reise in einen unbegrenzten evolutionären Raum ohne festes, vorbestimmtes Ziel versprechen.«

Der Geist der neuen Unternehmenskultur ist gewissermaßen »vom Kopf her« *nicht* lernend oder kreativ und komplexitätsfähig – zumindest nicht so, wie sich viele Manager und Ökonomen das vorstellen und wünschen. Die Wissensgesellschaft ist technologisch zwar revolutioniert, aber nicht mental.

Theorienmodelle der Wirtschaft

»Für die Wirtschaft gibt es nach wie vor fünf, sechs fundamental unterschiedliche Theoriemodelle«, beschreibt Norbert Bolz die Verhältnisse, »die alle ›irgendwie‹ richtig sind – und sich doch nicht miteinander vermitteln lassen. Statt auf die *Theory of Everything* zu warten, sollte man es vielleicht einmal mit Nietzsches Technik versuchen«, so Bolz, »unterschiedliche Perspektiven ein- und auszuhängen.«

Da die Möglichkeiten zur »monokausalen Reduktion« von Komplexität schwinden, braucht man also eine Theoriemehrsprachigkeit. Man nimmt sich von allem das Beste. Angesichts der rasanten Geschwindigkeit der Globalisierung und ihrer Komplexität kommt das begriffliche Denken in der Wirtschaft und im Management mit der Weltentwicklung ohnehin nicht mit: Das metaphorische Denken kann es besser.

Da ein multiperspektivisches oder interdisziplinäres Denken und Verstehen rein begrifflich unmöglich ist, kann die Integration eines komplexen *Big-Picture-Thinking,* wie es US-Manager gerne nennen, nur im Denkraum eines entwickelten Metapherngefüges gelingen: Für Bill O'Brien, Vorstand der *Hanover Insurance,* hieß das Dogma traditioneller autoritärer Unternehmen: Management, Organisation, Kontrolle. Das neue Dogma dagegen lautet: Vision, Wertvorstellungen und mentale Modelle.

Metaphernpluralität als Voraussetzung

Ohne Metaphernpluralität kommen wir auch im Business nicht weit. Nur durch die intelligente Verwendung mehrerer metaphorischer Perspektiven kann man sich ein einigermaßen komplettes »Bild« der komplexen Verhältnisse verschaffen.

»Die Struktur, die alles verbindet, ist eine Metastruktur, eine Struktur der Strukturen«, lautet die große Lebens- und Welterkenntnis von Gregory Bateson. »Sie wird öfter verkannt als erkannt. Außer in der Musik ist uns beigebracht worden, Strukturen als etwas Festes zu denken. So ist es natürlich einfacher, aber das ist alles Unsinn. In Wirklichkeit muss man sich die alles verbindende Struktur als einen Reigen interagierender Teile vorstellen«.

In welchem alles verbindenden Metapherngeflecht leben und arbeiten Sie?

Der »Einbeinige«

> Der Kranke gleicht einem Menschen, der längere Zeit nur auf einem Bein steht. Nach einiger Zeit verkrampfen sich die Muskeln und das belastete Bein beginnt zu schmerzen. Der Mensch kann kaum mehr das Gleichgewicht halten, seine Haltung verkrampft sich, der Leidensdruck steigt.
>
> Verschiedene Helfer bieten ihm Unterstützung an: Der eine massiert das verkrampfte Bein, ein anderer seine Nackenpartie. Ein Dritter bietet ihm seinen Arm als Stütze, da er sieht, dass der Mensch sein Gleichgewicht zu verlieren scheint. Ein weiterer Helfer rät ihm, sich mit den Händen abzustützen, um das Bein zu entlasten.
>
> Ein weiser Mann empfiehlt ihm, daran zu denken, wie gut er es eigentlich hat, da er wenigstens ein Bein hat, während manche Menschen gar keines mehr haben.

Ein anderer weist ihn an sich vorzustellen, er sei eine Feder, die leicht und immer leichter werde, und je mehr er sich darauf konzentriere, umso geringer werde sein Leiden. Ein abgeklärter Arzt setzt wohlmeinend dazu: »Kommt Zeit, kommt Rat.«

Schließlich geht ein Zuschauer auf den Leidenden zu und fragt ihn: »Warum stehst du auf einem Bein? Mach doch das andere gerade und stelle dich darauf. Du hast doch ein zweites.«

(nach Nosrat Peseschkian)

Die Moral von dieser Geschichte des eindimensionalen, geistamputierten Denkers formulierte Aristoteles schon vor 2500 Jahren: »Das bei weitem Größte ist es, ein Meister der Metapher zu sein.«

Anhang

Anmerkungen

1. Der Zeit-Metaphern-Test (ZMT) von Robert Knapp und John Garbutt stammt aus dem Jahre 1957. Nachdem die beiden Psychologen herausgefunden hatten, dass man das subjektive Zeitverständnis und den individuellen Zeit-Entwurf nur metaphorisch fassen kann, sammelten sie aus poetischen und literarischen Quellen 40 Zeitmetaphern; nach einem Vortest blieben dann die 25 Zeitbilder des ZMT übrig.

   Mit dem ZMT prüften sie anfangs in der Leistungsmotivforschung die Hypothese, wonach hoch leistungsmotivierte Menschen »dynamische« Zeitvorstellungen haben – aktiv, zielgerichtet, schnell. Ihre Hypothese bestätigte sich: Der als hoch leistungsmotiviert diagnostizierte, dynamische weiße Mittelstandsamerikaner der 50er-Jahre identifizierte sich selbstverständlich mit »dahinbrausenden Eisenbahnen« oder »Raumschiffen im Flug«.

   Einer der bekanntesten deutschen Psychologen und Motivationsforscher, Heinz Heckhausen, replizierte den ZMT in deutscher Fassung. Seine Ergebnisse decken sich weitgehend mit denjenigen von Knapp und Garbutt. Auffällig ist dabei, dass sich der streng empirieorientierte Forscher zu einem lyrischen Höhenflug hinreißen lässt. So interpretiert er die Zeitbilder ausdrücklich als »Schicksalsmetaphern«.

   Dass Menschen aus tiefster Seele zeitliche Wesen sind, haben Sozialwissenschaftler und Psychologen im Übrigen aber lange ignoriert. Das menschliche Zeiterleben interessierte nach dem Vorbild der newtonschen Physik nur, wenn man es äußerlich vermessen konnte: Wie exakt sind Zeitperspektiven der

Versuchsperson? Wie optimal werden Handlungen organisiert oder analysiert? Wie genau erinnert sie sich?

Dabei ließen sich auch die Wissenschaftler unreflektiert von der weltweit gültigen Metapher kulturellen Zeitverständnisses leiten: *Zeit ist Geld* – linear, äußerlich, verdinglicht. Bestes Beispiel für dieses reduzierte Zeitkonzept ist die Leistungsmotivforschung. Der auf Dauerfortschritt programmierte Kapitalismus hatte eigene Zeitmaße und Rollenvorgaben – Stechuhren etwa – geschaffen, womit er Anfang der 50er-Jahre der amerikanischen Psychologie zu einem glanzvollen Auftritt verhalf: die einflussreiche Forschung zum *achievement motive* beschrieb denjenigen abendländischen Menschen fortan als vorbildlich, der hoch leistungsmotiviert, voller zukunftsoptimistischer Hoffnung auf Erfolg, zeitlich logisch und rational plant und handelt – eben: *time is money.* Das Kabriolett von morgen muss heute verdient werden.

Zeit ist aber nur im lebensfernen Labor einfach linear fortschreitend. Wie die von Chaos- und Quantenforschung revolutionierte »Neue Naturwissenschaft« an der großen Zeitenwende zu erkennen beginnt, ist Zeit überall sonst im Leben und Kosmos sehr »verschmiert«, zyklisch, ungerade, chaotisch, komplex und voller Untiefen. So wie kein Ei und kein Zellstoffwechsel dem anderen gleicht, hat jedes lebende »Bio-System« seine Eigenzeit und individuellen Rhythmen, die selbst fluktuieren und sich entwickeln. Wer krank wird, heiratet oder Kinder bekommt, lebt fortan in anderen Eigenzeiten und Rhythmen als vorher.

2. »Mentale Modelle« sind häufig nur eine andere Formulierung für Metaphern. Obwohl der Modellbegriff sehr schillernd ist und kaum sauber definiert und differenziert gebraucht wird, kann man im Wesentlichen zwischen so genannten Dimensions- und Analogiemodellen unterscheiden: Während dimensionale Modelle strukturelle Ähnlichkeiten abbilden – Fahrpläne, Landkarten, Atommodell etc. –, sind Analogmodelle immer metaphorisch wie die paradigmatischen Modelle *Der Geist/das Gehirn ist ein Computer* oder *das Unternehmen ist eine Maschine*.

   In der kognitiven Psychologie können mit mentalen Modellen auch kognitive Schemata, *Frames* oder ähnliche Konzepte gemeint sein, wobei die Faustregel gilt: »Mentale Modelle lassen sich über die Analyse von Metaphern erschließen«, wie die Kognitionsforscherin Karin Moser betont.

3. Die »Weltmächtigkeit« unserer metaphorischen Denk- und Sprachbilder hat aus einer anderen Perspektive auch der Publizist Rüdiger Safranski nachgewiesen. In seiner brillanten Analyse *Wie viel Wahrheit braucht der Mensch?* über das Leben Rousseaus, Nietzsches und Kleists verdeutlicht er, welche Gewalt »falsche« Daseinsmetaphern haben und in welche Sackgassen sie führen: zu welchen »Himmelfahrten« diese Weltbilder verleiten können – welche Höllentrips es aber werden.

   Auch wenn eine umfassende ökonomische Metaphernanalyse bisher erst ansatzweise formuliert worden ist, zeigen alle kritischen Bestandsaufnahmen des Unternehmenswandels bei genauerem Hinsehen, dass diese Himmel- und Höllenfahrten ins Innere unserer selbst geschaffenen Bilder ganz analog auch für die metaphorisch gestaltete Wirklichkeit der Unternehmen gelten.

4. Die Metaphernforschung ist zwar kein wissenschaftlicher Mainstream, dennoch vollzieht sich in den letzten Jahren eine teilweise rasante, interdisziplinäre Entwicklung – so sind vor allem in den USA die lange als absolut weich, unwissenschaftlich oder irrational geltenden metaphorischen Sprachbilder auch in den rationalen Hallen der *Big Science* salonfähig geworden.

   Im Sog der bahnbrechenden, 1980 erschienenen Arbeit des Berkeley-Linguisten George Lakoff, eines Schülers von Noam Chomskys, und des Philosophieprofessors Mark Johnson über *Metaphors we live by* (deutsch *Leben in Metaphern*, Carl Auer, Heidelberg 1998) haben sich in den letzten 10 bis 15 Jahren immer mehr Sprachwissenschaftler, Gedächtnisforscher, Wissenschaftstheoretiker, Philosophen sowie Sozial- und Wirtschaftswissenschaftler mit der Metapher beschäftigt und ihre Bedeutung erkannt.

   Die Metaphernforschung selbst ist auch in Detailfragen sehr differenziert und hochkomplex. Wer sich damit inhaltlich intensiver beschäftigen möchte, dem können wir – neben dem

Klassiker von Lakoff und Johnson – besonders empfehlen: Bernhard Debatins *Die Rationalität der Metapher* (Berlin 1996) – eine fundamentale Zusammenschau aller linguistischen, pragmatischen, sozialwissenschaftlichen und philosophischen Metaphernkonzepte und -erkenntnisse – und die kompakte Handreichung von Gerhard Kurz über *Metapher, Allegorie und Symbol* (Göttingen 1997).

In der englischen Literatur lohnt sich besonders die Lektüre von *Metaphor and Thought* (herausgegeben von Andrew Ortony, Cambridge University Press 1993).

Unter philosophisch-anthropologischen Vorzeichen sind alle Beiträge des großen »Metaphorologen« Hans Blumenberg wichtig – etwa *Paradigmen zu einer Metaphorologie* (Frankfurt 1998) oder *Schiffbruch mit Zuschauer. Paradigma einer Daseinsmetapher* (Frankfurt 1979) – sowie Paul Ricoeurs *Die lebendige Metapher* (München 1993).

Einen Überblick über die weitreichende Bedeutung des metaphorischen Denkens und die Komplexitätskompetenz in Wissenschaft, Wirtschaft, Politik und Alltag bietet Co-Autor Andreas Huber mit *Weichenstellung. Komplexität und metaphorisches Denken im 21. Jahrhundert* (Frankfurt 2001).

Wer sich eingehender mit der organisationstheoretischen Diskussion über Grundlagen und Perspektiven metaphorischen Denkens in der Wirtschaft und im Management beschäftigen möchte, ist dagegen meist auf angelsächsische Literatur und einzelne Fachartikel angewiesen. Empfehlenswert sind dabei besonders die »Überblicks«-Arbeiten von Gareth Morgan: *Pictures of Organisations* (Sage, London 1986; auf Deutsch seit 1998 als *Bilder der Organisation*), *Imaginization. New Mindsets for Seeing, Organizing and Managing* (1993) sowie der von David Grant und Cliff Oswick herausgegebene Sammelband *Metaphor and Organization* (Sage, London 1996).

Im deutschen Sprachraum hat unseres Wissens bisher nur Alfred Kieser die elementare Rolle der Metapher für Organisationsforschung und -entwicklung eingehend gewürdigt – neben einigen Verweisen von Lehrbuchautoren wie in Heinz Schulers *Organisationspsychologie* (Hans Huber, Bern 1993) auf Morgans acht paradigmatische Metaphern. Dabei erörtert Kieser die Metapher mit Ausnahme eines kürzlich erschienen Fachartikels – *Die Konstruktion von Organisationen mithilfe von*

Metaphern (gemeinsam mit Annette Schlee, erschienen in: Hejl, Peter & Heinz Stahl: *Management und Wirklichkeit. Das Konstruieren von Unternehmen, Märkten und Zukünften,* Heidelberg 2000) – ausschließlich im Rahmen anderer Themen, besonders in *Kommunikation im Unternehmenswandel* (Stuttgart 1998).

Ähnlich wird die Metapher auch in den Arbeiten Karl Weicks – beispielsweise im *Prozess des Organisierens* (Frankfurt 1985) – oder bei Chris Argyris und Donald Schön gewürdigt.

Eine Ausnahme von der Metaphernabstinenz deutscher Wirtschaftsforscher und -praktiker ist zudem die leider nur schwer zugängliche Dissertation von Regula Gloor über *Die Rolle der Metapher in der Betriebswirtschaftslehre* (Bern 1987).

Erwähnt sei auch die etwas ältere Arbeit von Werner Kroeber-Riel über *Wissenschaftstheoretische Sprachkritik in der Betriebswirtschaftslehre. Semantische und pragmatische Untersuchungen betriebswirtschaftlicher Sprachen* (Berlin 1969).

Im Internet findet man interessante Beiträge von Michael Lissack über die Bedeutung metaphorischen Denkens in Wirtschaft, Organisationsentwicklung und Management unter: *http://lissack.com/writings.*

Einige Arbeiten über die *Metaphoric Revolution* und das Managementkonzept *Governance through Metaphors* von Anthony Judge unter: *http://www.aia.org/uiadocs.*

Weitere Literatur über *Metaphors & Economics* bietet Metaphernforscher Ray Paton unter: *http://www.csc.liv.ac.uk/~rcp/metaphor.html*

5. Die Beispiele sind beliebig fortführbar, wie im Falle von Thomas Edison oder Charles Darwin. So benutzte Edison – wie im Übrigen die meisten seiner Erfinderkollegen von Joule bis Sperry – häufig Metaphern, wenn er Vergleiche anstellte. Dabei machte er ausdrücklich Aussagen über die in der Metapher formulierten Ähnlichkeiten: So entwickelte er den Vierfachtelegrafen als eine seiner elegantesten und komplexesten Erfindungen fast vollständig aufgrund der Metapher: »Ein Vierfachtelegraf wird ein Wasserleitungssystem sein.« Erfinder denken natürlich im metaphorischen Futurum.

   Charles Darwin ist ein ganz besonderes Beispiel für die Gewalt metaphorischen Denkens. Obwohl Darwin schon jahrelang gewusst hatte, dass die alte statische Weltsicht falsch sein musste, verdankte er den entscheidenden Impuls einer Metapher. Welche bewusstseinsöffnende Metapher dies war, dokumentierte er im Untertitel seines epochalen Werkes *Über die Entstehung der Arten durch natürliche Zuchtwahl* – oder *die Erhaltung der Rassen im Kampfe ums Dasein*. Die Erleuchtung durch das sein Bewusstsein neu organisierende metaphorische Denkbild des *Kampfes ums Dasein* fand er bei der Lektüre des Theologen Robert Malthus.

Der Geistliche beschäftigte sich als Pionier der Soziologie mit Bevölkerungsgesetzen, die die biblische Auffassung erklären könnten, dass und warum es immer Arme geben müsse. Für Malthus könne man niemals das Wohlergehen aller herbeiführen, da die Weltbevölkerung schneller wachse als die produzierten Nahrungsmittel. In ihrem »immer währenden Kampf ums Dasein« würde sich die Bevölkerung so lange vermehren, bis sie wieder durch Krieg, Krankheit, Hunger oder Naturkatastrophen vermindert würde.

Wie Darwin in seiner Autobiografie belegt, verdankte er dieser Metapher sein intellektuelles Heureka-Erlebnis: Die Metapher des Daseinskampfes setzte seinen Geist so unter Strom, dass er alle Ideen, Gedanken, Bilder und Gefühle in eine neue Perspektive integrieren konnte; schlagartig öffneten sich ihm die neuen Dimensionen des Denkens: In der ganzen Natur »bekämpfen« die Spezies einander in einem anhaltenden Krieg um Selbstbehauptung, so dass nur an ihre Umwelt angepasste Arten überleben können, während unangepasste aussterben. Auch die Exemplare oder Individuen einer Art befinden sich in dauerndem Kampfe miteinander, und diejenigen, die aufgrund ihrer »Ausstattung« die gegebenen Umweltbedingungen am besten nutzen, sorgen durch »natürliche Zuchtwahl« für die meisten Nachkommen.

Man vergisst heute, dass Darwins Denken und sein Evolutionskonzept auf metaphorischen Grundlagen beruhen. Tatsächlich scheint die Metapher *Dasein ist Kampf* seit Darwin so selbstverständlich, um sich die verwirrende Vielfalt der Weltphänomene zu erklären, dass die vielen reflektionsmüden Lebenskämpfer in der Wissenschaft oder im Alltag gar nicht mehr merken, dass es noch andere Weltsichten und -bilder gibt.

Im Gegensatz zu vielen anderen Forschern und Wissenschaftlern war sich Darwin aber bewusst, dass seine Weltsicht auf metaphorischen Grundlagen beruhte, er bei aller empirischen Beobachtung weitgehend metaphorisch dachte und in diesen metaphorischen Denkperspektiven die ganze Natur erklärte. So betont der englische Gelehrte in seinem großen Werk *Entstehung der Arten* »vorauszuschickend«, dass er »*den Kampf ums Dasein in einem weiten und metaphorischen Sinne* gebrauche«. Er schreibt zum Beispiel: »Die Mistel ist vom Apfelbaum und einigen wenigen anderen Baumarten abhängig, doch kann man nur in einem weit hergeholten Sinne sagen, sie kämpfe mit diesen Bäumen.« Der »weit hergeholte Sinn« ist als metaphorische Sinnschöpfung allerdings nicht ganz so weit hergeholt.

Die Kritik an Darwins Evolutionstheorie beruht natürlich auch auf metaphorischen Fundamenten: So kritisierte Gregory Bateson beispielsweise, dass Darwin in seinem Kampf-Bild die gesamten schöpferischen, inneren Anpassungsprozesse aller Organismen in ihren Lebensräumen nicht verstanden habe – beim Menschen etwa die evolutionäre Fähigkeit seines Geistes, für den Daseinskampf so vermeintlich nutzlose Dinge wie Kunst, Poesie oder Musik zu schaffen.

So zeichnen die modernen Evolutionsforscher in neuen Disziplinen wie der Evolutionären Psychologie oder der Evolutionsmedizin andere Bilder der komplexen Weltentwicklung. Und sie beruhen auf anderen Komplexitätsmetaphern – vor allem der Evolution als lebendes, auf allen Ebenen durch vielfältige Rückkoppelung erzeugtes *kreatives Netzwerk:* Für viele Forscher wie Erich Jantzsch oder Steven Rose gleicht die unvorstellbare Komplexität und das gigantische Schauspiel der Evolution keinem Kampf, sondern einem *kosmischen Tanz.*

6. In der organisations- und betriebswirtschaftlichen Fachliteratur gibt es zwei klassische Grundlagenwerke über die paradigmatische »Metaphernpluralität«, deren Aktualität trotz einer 15- bis 20-jährigen Vergangenheit ungebrochen ist.
   - Bolman, Lee und Terrence Deal: *Modern Approaches to Understanding and Managing Organizations (*Jossey-Bass, San Francisco 1984). Bolman und Deal diskutieren vier übergeordnete paradigmatische Metaphern-«Rahmen« – strukturell, politisch, symbolisch und humanistisch *(human resource frame)* –, die miteinander pluralisiert werden müs-

sen, um der Komplexität des Business- und Organisationsalltages nicht nur in der Forschung gerecht zu werden.

– Burrell, Gibson und Gareth Morgan: *Sociological Paradigms and Organisational Analysis* (Heinemann, London 1979). Diese beiden Sozial- und Wirtschaftswissenschaftler unterscheiden funktionale, interpretative, humanistische und strukturalistische Paradigmen und ihre Metaphern, die sie bezüglich Epistemologie, Menschenbild, Methodologie und Forschungszielen diskutieren.
  Auch Burrell und Morgan plädieren und argumentieren überzeugend für einen »inter-paradigmatischen« Blick und eine Metaphernpluralität für Forschung wie praktische Organisationsentwicklung. (Eine Einführung liefert Peter Degers Beitrag *Burrell and Morgans sociological paradigms and organizational analysis* in: *Hauptwerke der Organisationstheorie*, herausgegeben von Klaus Türck, Opladen 2000, S. 67 – 69.)

Mitte der 90er Jahre haben Andrew van de Ven, Direktor der *Carlson School of Management*, und Marshall Poole, Professor an der *Texas A&M University* einen ähnlich profunden Beitrag in Sachen ökonomischer Metaphernpluralität vorgelegt: *Explaining Development and Change in Organizations* (Academy of Management Review 3/1995, p. 510 – 540).

Die beiden Unternehmensforscher und -berater reflektieren dabei die Praxis des Unternehmenswandels anhand der vier »Metametaphern« Lebenszyklus *(life cycle)*, Zielbestimmtheit *(teleology)*, Dialektik und Evolution. Sie zeigen, dass viele strategische Fehler des *Change Managements* vermeidbar sind, wenn man in der praktischen Unternehmensentwicklung ein metaphernplurales Konzept verfolgt.

7. In einer empirischen Studie wollte es der australische Managementprofessor Richard Dunford genauer wissen. Zusammen mit Richard Palmer stellte er den Managern den metaphorischen »Multiperspektivenansatz« vor und fragte dann, wie sinnvoll er für den Businessalltag sei.

   Wie die Befunde zeigen, hat der metaphorische Multiperspektivenansatz viele Freunde im Management: 78 Prozent glauben, dass sie mit einem bewussteren Einsatz metaphernpluralen Denkens zukünftig vieles besser angehen könnten.

Weitere Daten:

- 98 Prozent beurteilen ihn als sehr hilfreich, um Organisations- und Managementprobleme besser verstehen zu können.
- 89 Prozent sind überzeugt, dadurch unmittelbare Konkurrenz- oder Wettbewerbsvorteile zu besitzen

(Literatur: Palmer, Ian; Richard Dunford: »Conflicting uses of metaphors: Reconceptualizing their use in the field of organizational change.« *Academy of Management Review* 3/1996, p. 691–717; dies.: »Interrogating reframing: Evaluating metaphor-based analyses of organizations.« In: Clegg, Stewart; Gill Palmer (ed.): *The Politics of Management Knowledge.* Sage, London 1998, p. 141 –154.)

8. Wer auf den ersten Blick glaubt, solch banale Bilder wie »Joghurtbecher« hätten keine komplexitätsaufklärende Wirkung, nehme folgenden von Morgan dokumentierten Gesprächs- und Reflexionsverlauf in Sachen Organisationsdiagnostik und -entwicklung zur Kenntnis:

Die Gruppe:

Unsere Organisation als Joghurt ...?

- Es ist eine Kultur
- Es reproduziert sich selbst
- Es ist wie Hefe
- Es braucht eine Reifezeit
- Es ist sauer
- Es ist langweilig
- Man muss es versüßen
- Sehr primitiv
- Voller Bakterien
- Man gibt etwas von der alten Kultur zu einer neuen Menge, und innerhalb kurzer Zeit ist wieder alles dasselbe.

Morgan: Welche dieser Ideen ist am wichtigsten für Ihre Organisation?

Die Gruppe: Wir haben die Tendenz, aus allem dasselbe zu machen. Wir bringen Neue herein, und bevor man sich versieht, sind sie wie die Alten ... usw.

9. Mit solchen Metaphernspiegeln kann man auch die komplexe Persönlichkeit und das kommunikative Verhalten des Chefs oder anderer Kollegen »verhandeln«.

   Dazu legt man den Beteiligten beispielsweise eine Zufallsauswahl von Symbolen vor, von denen sie sich für drei, vier oder fünf entscheiden sollen. Danach wird in mehreren Schritten geklärt, welche Bedeutungen die Bildmetaphern mit sich bringen und was dies für das Eigen- und Selbstverständnis wie für das kommunikative Alltagsverhalten bedeutet.

   Diese Metaphernübung ist sehr komplexitätsfreundlich, da sie neben der Eigenperspektive auch die jeweiligen Ansichten der anderen Beteiligten, die so genannten »Fremdperspektiven«, integriert.

10. In der Praxis des *luziden Träumens* oder *Klarträumens* kann man lernen, wie man seine Träume und ihre Metaphern bewusst oder willentlich gestaltet. Wer sich für dieses spannende Thema interessiert, kann sich über folgende Literatur informieren: Brigitte Holzinger: *Der luzide Traum. Phänomenologie und Physiologie* (Wien 1997).

    Das lange vergriffene Buch des verstorbenen Altmeisters in Sachen Klarträumen, Paul Tholey, ist wieder lieferbar: *Schöpferisch Träumen. Wie Sie im Schlaf das Leben meistern. Klartraum als Lebenshilfe* (Eschborn 2000). Von US-Forscher Steven LaBerge gibt es keine deutsche Literatur.

11. Am Vorbild Natur orientiert sich im Übrigen auch die *Bionik,* eine der am schnellsten wachsenden modernen Forschungsdisziplinen: So werden im Maschinen-, Fahrzeug- oder Flugzeugbau immer mehr Techniken in direkter Analogie zu bewährten »Naturverfahren« der Natur gesucht und entwickelt.

    Weitere Beispiele:

    - Der Reißverschluss basiert auf dem Vorbild des Vogelgefieders.
    - Die Haut des Delphins ist neues Vorbild für Bade- und Schwimmanzüge. Bioniker wissen, dass sich bei U-Booten der physikalische Wasserwiderstand um zwei Drittel vermindern würde, wenn man sie mit einer »Delphinhaut« verkleiden könnte.
    - Der Spinnenfaden ist letzlich immer noch ein Geheimnis.

Obwohl er elastischer ist als etwa Nylon, hat er eine zehnfach größere Stärke als Eisen. Die bekannten Bauprinzipien der »magischen Fäden« werden nun bei kugelsicheren Westen oder Stoßstangen erprobt und erforscht.

Auch alle großen Baumeister haben sich von der Natur inspirieren lassen und sie zum Vorbild für ihre Werke genommen. So ist von Buckminster Fuller überliefert, dass er seine berühmten Geodätischen Kuppeln nach dem Schalenbau der Kieselalgen formte.

Die Panthea in Rom und Paris sind ebenfalls Muschelschalen nachgebildet, da sie mit einem minimalen Materialverbrauch im Verhältnis zum umfassten Raum auskommen. Gustave Eiffel wiederum orientierte sich bei seinem historischen Turmbau zur Pariser Weltausstellung 1886 an den dünnen, aber unglaublich robusten Balkenschichten im Knochenaufbau.

12. Eine besonders entwickelte Metaphernkultur und -schulung hat die Hypnotherapie entwickelt, deren Gründungsvater Milton Erickson wegen seines konstruktiven und genialen Umgangs mit Metaphern einen auch heute noch legendären Ruf genießt.

Er verstand die metaphorischen Äußerungen seiner Klienten als wesentlichen Ausdruck tieferer Identitätsstrukturen – und ging je nach Therapieverlauf darauf ein, indem er ihnen selbst individuell »maßgeschneiderte« metaphorische Geschichten erzählte, die zur kognitiven und emotionalen Bewältigung ihrer Probleme beitragen konnten. Während Erickson selbst vom »Säen« sprach, wurde seine komplexe, metapherngegründete Technik als *Storytelling* berühmt. Gregory Bateson verstand sie als einen der wichtigsten Beiträge zur Entwicklung der Psychotherapie überhaupt.

Die Hypnotherapie ist längst von ihrem Jahrmarkt-Image weggekommen und gilt heute als eines der anerkanntesten, wirksamsten und seriösesten Therapiekonzepte der Gegenwart, das auch in der (Schul-)Medizin immer weitere Anwendung findet – von Gynäkologie und Sportmedizin bis zur Intensiv- oder Zahnmedizinin.

Eine kompakte, allgemein verständliche Einführung in Hypnose und Selbsthypnose und deren praktische metaphorische Anwendungen zur Persönlichkeitsentwicklung findet man im Ratgeber von Thomas Gerl: *Moderne Hypnose. Hilfe durch das Unbewusste* (Stuttgart 1998). Fachlich liefert das neue Lehrbuch *Hypnose in Psychotherapie, Psychosomatik und Medizin. Manual für die Praxis* (Heidelberg 2001) von Dirk Revenstorf und Burkhard Peter einen hervorragenden Überblick – natürlich auch über die metaphorischen Grundlagen in Theorie und Praxis.

Auswertung zum ZMT-Test Seite 40f.

In welcher Gruppe (I), (II) oder (III) liegen Ihre Lieblingsmetaphern?

I: Antworten: 2, 7, 9, 13, 14, 21, 25
II: Antworten: 3, 4, 10, 15, 17, 19, 20
III: Antworten: 1, 5, 8, 11, 16, 22, 23, 24

Die Testmetaphern 6, 12, 18 haben eine eigene Bedeutung, da sie zwischen den anderen Zeittypen liegen:
- (6) ein Vogel im Flug zwischen I und II,
- (12) eine Treppe, die nach oben führt, zwischen II und III,
- (18) marschierende Füße zwischen I und III.

Die drei Typen repräsentieren psychologisch unterschiedliche Zeittypen und Lebensweisen:

(I) *Aktiv-Hektisch:* »Der Aktive« ist sehr leistungsmotiviert und hat ein lineares und zielgerichtetes Zeitverständnis. Für viel Lebensfreude ist in diesem ausgesprochen »westlichen« Zeiterleben nicht viel Raum: Die Zeit des Leistungsmotivierten erscheint wie eine »zum Wettbewerb drängende Kraft«, die es ihm unmöglich mache, die Freuden des Erfolgs auch auszukosten. Dieser Typ ist am stärksten ausgeprägt.

(II) *Natürlich-Kontemplativ:* Das Erleben des »Kontemplativen« dagegen scheint in Zeit als ein »ozeanisches Medium« eingebettet zu sein. Es wird von einem »östlich geprägten, mythisch oder buddhistisch anmutenden« Zeitsinn gesprochen.

(III) *Humanistisch-Lebendig:* »Der Lebendige« erlebt eine Zeit, die dem antiken Ideal nahe kommt, wonach der »Mensch das Maß aller Dinge« ist: Eine Haltung, die den lieben Gott einen guten Mann sein lässt und von den Psychologen als »mediterrane Lebenseinstellung« bezeichnet wird.

Sollten Sie mit Weberschiffchen oder Kinderkreiseln nicht sehr viel anfangen können, lassen Sie sich inspirieren – und werden Sie Ihr eigener Poet: Finden Sie angemessene neue, postmoderne Zeitmetaphern.

Da wir alle die Geschichte unseres Lebens erfinden und erzählen, fragen Sie sich, warum Ihnen die gewählten Metaphern und Geschichten so gut gefallen:

- Was sagen sie über Ihre »Eigenzeiten«?
- Welcher Entwurf oder Rhythmus schwingt den Takt in Ihrem Leben?
- Wie gut sind Sie mit anderen Rhythmen der »Kultur«- oder »Weltzeit« synchronisiert?

Literatur und Links

Arbinger, Roland: Psychologie des Problemlösens. Eine anwendungsorientierte Einführung. Primus, Darmstadt 1998.

Arthur, Brian et al.: Economy as an Evolving Complex System. Addison-Wesley, Reading, MA 1997

Baecker, Dirk: Organisation als System. Suhrkamp, Frankfurt 1999

Barrett, Frank; David Cooperrider: »Generative Metaphor Intervention: New Approach for Working with Systems Divided by Conflict and Caught in Defensive Perception.« In: Journal of Applied Behavioral Sciences 2/1990, p. 219–239

Bate, Paul: Cultural Change. Strategien zur Änderung der Unternehmenskultur. Gerling, München 1997

Blumenberg, Hans: Paradigmen zu einer Metaphorologie. Suhrkamp, Frankfurt 1998

ders.: Schiffbruch mit Zuschauer. Paradigma einer Daseinsmetapher. Suhrkamp, Frankfurt 1997

Debatin, Bernhard: Die Rationalität der Metapher. DeGruyter, Berlin 1996

Dörner, Dietrich: Die Logik des Misslingens. Strategisches Denken in komplexen Situationen. Rowohlt, Hamburg 1992

Doppler, Klaus; Christoph Lauterburg: Change Management. Den Unternehmenswandel gestalten. Campus, Frankfurt 1995

Drucker, Peter: Die Kunst des Managements. Econ, München 2000

Faas, Angelika: Intuition – zum rechten Zeitpunkt das Richtige tun. Herder, Freiburg 2000

Flockenhaus, Ute (Hg.): Zukunftsmanagement. Trainings-Perspektiven für das 21. Jahrhundert. Gabal, Offenbach 1999

Frenzel, Karolina / Michael Müller / Hermann Sottong: Das Unternehmen im Kopf. Schlüssel zum erfolgreichen Change-Management. Hanser, München/Wien 2000

Fuchs, Helmut: »Metaphern als neues Businesstool.« In: Wirtschaft und Weiterbildung 1/2001

ders.: Die Kunst, (k)eine gute Führungskraft zu sein. Gabler, Wiesbaden 1999

ders.: »Erlebnisorientiertes Managementtraining.« In: Jahrbuch Personalentwicklung und Weiterbildung 1998/1999. Luchterhand, Köln 1998

Fuchs, Jürgen: Das Märchenbuch für Manager. Gute-Nacht-Geschichten für Leitende und Leidende. FAZ, Frankfurt 1999

Geissler, Karlheinz: Vom Tempo der Welt. Am Ende der Uhrzeit. Herder, Freiburg 1999

ders. / Frank Orthey: Der große Zwang zur kleinen Freiheit. Berufliche Bildung im Modernisierungsprozess. Hirzel, Stuttgart 1998

Gell-Mann, Murray: Das Quark und der Jaguar. Vom Einfachen zum Komplexen. Die Suche nach einer neuen Erklärung der Welt. Piper, München 1998

Gloor, Regula: Die Rolle der Metapher in der Betriebswirtschaftslehre. Dissertation, Universität Bern 1987

Heuser, Uwe Jean / Gero von Randow: »Werkzeugkasten für den Wandel – Bilder, die verändern helfen. Aus der Zukunftswerkstatt.« In: Zeit 10/2000

Huber, Andreas: Weichenstellung. Komplexität und metaphorisches Denken im 21. Jahrhundert. Büchergilde, Frankfurt 2001

Jaynes, Julian: Der Ursprung des Bewusstseins durch den Zusammenbruch der bikameralen Psyche. Rowohlt, Hamburg 1988

Kanter, Rosabeth Moss: Bis zum Horizont und weiter. Management in neuen Dimensionen. Carl Hanser, München/Wien 1998

Kauffman, Stuart: Der Öltropfen im Wasser. Chaos, Komplexität, Selbstorganisation in Natur und Gesellschaft. Piper, München 1996

Kieser, Alfred: Organisationstheorien. Kohlhammer, Stuttgart 3. Aufl. 1999

ders.: »Über die allmähliche Verfertigung der Organisation beim Reden: Organisieren als Kommunizieren.« In: Industrielle Beziehungen 5/1998, S. 45–75

ders.: »Moden & Mythen des Organisierens.« In: Betriebswirtschaft 56/1996, S. 21–39

ders. / Cornelia Hegele: Kommunikation im organisatorischen Wandel. Schäffer-Poeschel, Stuttgart 1998
König, Eckard / Gerda Volmer: Systemische Organisationsberatung. Grundlagen und Methoden. Deutscher Studien Verlag, Weinheim 2000
Konersmann, Ralf: Lebendige Spiegel. Die Metapher des Subjekts. Fischer, Frankfurt 1991
Kühl, Stefan: Wenn die Affen den Zoo regieren. Die Tücken der flachen Hierarchie. Campus, Frankfurt 1997
Kurz, Gerhard: Metapher, Allegorie, Symbol. Vandenhoeck & Ruprecht, Göttingen 1997
Lakoff, George / Mark Johnson: Leben in Metaphern. Konstruktion und Gebrauch von Sprachbildern. Auer-Systeme, Heidelberg 1998
Micic, Pero: Der ZukunftsManager. Wie Sie Marktchancen vor Ihren Mitbewerbern erkennen. Haufe, Freiburg 2000
Mintzberg, Henry: Mintzberg über Management. Führung und Organisation: Mythos und Realität. Gabler, Wiesbaden 1991
Morgan, Gareth: Bilder der Organisation. Klett-Cotta, Stuttgart 1997
ders.: Löwe, Qualle, Pinguin – Imaginieren als Kunst der Veränderung. Klett-Cotta, Stuttgart 1998
Neuland, Michèle: »Ganzheitliches Denken?« In: Flockenhaus, Ute (Hg.), a.a.O.
Nonaka, Ikujiro / Hirotaka Takeuchi: Die Organisation des Wissens. Wie japanische Unternehmen eine brachliegende Ressource nutzbar machen. Campus, Frankfurt 1997
Probst, Gilbert / Hans Ulrich: Anleitung zum ganzheitlichen Denken und Handeln. Ein Brevier für Führungskräfte. Paul Haupt, Bern 1995
Reither, Franz: Komplexitätsmanagement. Denken und Handeln in komplexen Situationen. Gerling, München 1998
Ricoeur, Paul: Die lebendige Metapher. Fink, München 1986
Richter, Renate: »Ein Spielfeld zur Entfaltung der Sinne.« In: Wirtschaft & Weiterbildung 11/2000
Safranski, Rüdiger: Wie viel Wahrheit braucht der Mensch? Fischer, Frankfurt 1993
Schiepek, Günter: Synergie und Qualität in Organisationen. DGVT-Verlag, Tübingen 1998
Schlicksupp, Helmut: Ideenfindung. Vogel: Würzburg, 5. Aufl. 1999
Schmidt, Arthur: Der Wissens-Navigator. Das Lexikon der Zukunft. DVA, Stuttgart 1999

Schmitt, Rudolf: Metaphern des Helfens. PVU, Weinheim 1995
Schmitz, Christof / Betty Zucker: »Wissen managen? Wissen entwickeln!« In: Papmehl / Sievers (Hg.): Wissen im Wandel. Die Lernende Organisation im 21. Jahrhundert. Manager Magazin Edition, München 1999
Schödlbauer, Cornelia u.a. (Hg.): Metaphern – Schnellstraßen, Saumpfade und Sackgassen des Lernens. Ziel, Augsburg 1999.
Schöffel, Georg: Denken in Metaphern. Zur Logik sprachlicher Bilder. Westdeutscher Verlag, Opladen 1987
Schredl, Michael: Die nächtliche Traumwelt: Einblicke in die Traumforschung. Kohlhammer, Stuttgart 1999
Schreyögg, Georg; Robert Dabitz (Hg.): Unternehmenstheater. Formen – Erfahrungen – Erfolgreicher Einsatz. Gabler, Wiesbaden 1999
Schuler, Heinz (Hg.): Lehrbuch Organisationspsychologie. Hans Huber, Göttingen/Bern 1993
Seiwert, Lothar: Wenn Du es eilig hast, gehe langsam. Das neue Zeitmanagement in einer beschleunigten Welt. Campus, Frankfurt 1999
Senge, Peter: Die fünfte Disziplin. Kunst und Praxis der lernenden Organisation. Klett-Cotta, Stuttgart 1996
Simon, Walter: Lust aufs Neue. Werkzeuge für das Innovationsmanagement. Gabal, Offenbach 1999
Spitzer, Manfred: Geist im Netz. Modelle für Lernen, Denken und Handeln. Spektrum Akademischer Verlag, Heidelberg 1996
Sprenger, Reinhard: Aufstand des Individuums. Warum wir Führung komplett neu denken müssen. Campus, Frankfurt 2000
Stacey, Ralph: Unternehmen am Rande des Chaos. Komplexität und Kreativität in Organisationen. Schäffer-Poeschel, Stuttgart 1997
Vester, Frederic: Die Kunst vernetzt zu denken. Ideen und Werkzeuge für einen neuen Umgang mit Komplexität. DVA, München 1999
Waldrop, M. Mitchell: Inseln im Chaos. Die Erforschung komplexer Systeme. Rowohlt, Reinbek 1995
Weick, Karl: Der Prozess des Organisierens. Suhrkamp, Frankfurt 1985
Weidmann, Rainer: »Das intuitive Wissen in Organisationen erschließen.« In: Personalführung 12/99, S. 42–47

Internet

1. Metaphern

Die beste deutsche »Metapher-Website« und eine der umfassendsten Literaturlisten über die gesamte linguistische, philosophische und sozialwissenschaftliche Metaphernforschung bietet der Leipziger Metaphernforscher Bernhard Debatin:
http://www.uni-leipzig.de/~debatin/english/Research/Metaphor.htm#Met_biblio

Debatins Metaphern- und Mythenforschung findet man unter: *http://user.berlin.de/~b.debatin/mythen.htm*

Anthony Judge informiert über die »metaphorische Revolution« und das UIA-Projekt *Governance through Metaphors* unter: *http://www.uia.org/homemeta.htm*

Michael Lissacks Arbeiten über metaphorisches Denken in Wirtschaft und Management findet man unter: *http://lissack.com/writings*

2. Komplexität

Wer sich für die Komplexitätsforschung interessiert, kann sich direkt auf der Homepage des Santa Fé Instituts informieren, an dem sich eine eigene Arbeitsgruppe auch mit »ökonomischer Komplexität« beschäftigt: *http://www.santafe.edu*. Dort finden sich auch viele Links zu weiteren internationalen Instituten, Publikationen und Forschungsprojekten.

Die ansonsten umfassendste englischsprachige Linkliste zur Komplexitätsforschung liefert: *http://www.hlthsys.com/pub/systems.htm*

Die wohl beste deutsche Homepage über systemisches Denken mit einem Online-Lehrgang »Didaktik der Systemdynamik« bietet der Klagenfurter Professor Günter Ossimitz:
http://www.uni-klu.ac.at/users/gossimit/sdyn/sdyn.htm

Die Arbeiten der Bamberger Forschergruppe um Dietrich Dörner finden sich unter folgender Webadresse:
http://www.uni-bamberg.de/~ba2dp1/forschun.htm

Die Verfasser

Helmut Fuchs ist Cheftrainer der Trainer-Akademie-München (TAM) in Fulda und Präsident der *European Academy for Training and Development EATD.* Zahlreiche Publikationen, zuletzt erschien: *Die Kunst, (k)eine Führungskraft zu sein* (Gabler, Wiesbaden 1999).
E-Mail: h.fuchs@trainer-akademie.de

Andreas Huber ist Diplompsychologe und war zehn Jahre Redakteur bei *Psychologie Heute.* Er arbeitet heute als freier Publizist, Trainer und wissenschaftlicher Leiter der EATD. Zahlreiche Publikationen, zuletzt erschien: *Weichenstellung. Komplexität und metaphorisches Denken im 21. Jahrhundert* (Büchergilde, Frankfurt 2001).
E-Mail: huberaw@aol.com

Wir sind sehr an Ihrer Rückmeldung interessiert: Schreiben Sie uns. Kritisieren Sie alles, was Ihnen (nicht) gefallen hat. Erzählen Sie uns von Ihren persönlichen Erfahrungen mit dem metaphorischen Denken im Businessalltag.

Informationen und Anmeldungen zum *Metaphoring*-Seminar über die *European Academy of Training and Development*

EATD
Cami de la serra 17
E-07181 Golf de Bendinat
Tel.: +34 971 707 819
Fax: +34 971 405 219
E-Mail: info@metaphoring.de
Internet: www.metaphoring.de

»Future skills von S. Asgodom, A. Bornhäußer, E.-N. Detroy, K. Fink, E. Geffroy, S. Hübner, S. Lermer, J. Löhr, S. Mühlisch, R. Ruhleder, H. Scherer, L. J. Seiwert«

Von den Besten profitieren

Erfolgswissen von 12 bekannten Management-Trainern

gebunden, 288 Seiten,

s/w-Fotos

ISBN 3-89749-121-4

»Auf dem Weg ins 21. Jahrhundert geben diejenigen den Ton an, die auf Kopfarbeit setzen und Kreativität und Wissen zu nutzen verstehen.«

Walter Simon

Lust aufs Neue

Werkzeuge für das Innovationsmanagement

gebunden, 256 Seiten

Illustrationen und Grafiken

ISBN 3-89749-025-0

GABAL management

»Schluss mit dem negativen Image des Verkaufs!«

Peter Grimm

Der verratene Verkauf

Warum der Verkauf eine neue Identität braucht und wie er den Erfolg vom Zufall befreit

gebunden, 208 Seiten,

zahlreiche Grafiken

ISBN 3-89749-058-7

»Erfüllen Sie sich Ihren Wunschtraum von einem erfolgreichen und glücklichen Leben!«

Brian Tracy

Luckfactor

Die Gesetze des Erfolges

gebunden, 256 Seiten,

zahlreiche Übungen und

Erfolgsgesetze

ISBN 3-89749-059-5

GABAL management